JN096085

障害者・障害児心理学

古賀精治

障害者・障害児心理学（'21）

装丁・ブックデザイン：畑中　猛

s-75

まえがき

　1995年度にスクールカウンセラー活用調査研究委託事業が始まって間もない頃，温泉の街，別府で開催された臨床心理関係の学会でのことである。ある公立小学校に配置されたスクールカウンセラーの方から，高学年の通常学級に在籍する児童の事例発表があった。授業中だけでなく，学校生活全般において教師の指示が通りにくく，友達関係でもトラブルが絶えず，時としていじめの対象となり，不登校になりかけている児童の事例であった。スライドにはその児童が描いた人物画が映し出され，発表者からは当該児童のパーソナリティ傾向に関する解釈が報告されていた。その絵を見た私は，思わず質問した。「その子どもの精神年齢は何歳くらいですか」。軽度の知的障害を疑われたからである。グッドイナフ人物画知能検査を念頭に置きながら，その人物画を見ると，年齢不相応に幼い絵に見えたのである。発表者は思いがけない質問に驚いた表情をされ，「わかりません」との答えが返ってきた。

　日本の法律（「障害者基本法」第2条）では，障害者とは身体障害者，知的障害者，精神障害者と定められてきた。しかし当時は，スクールカウンセリングなどの心理臨床の現場においても，大学の教育や研究の場においても，精神障害以外の，例えば知的障害等のある人に対する臨床心理学的支援に関する素養や専門性を修得し，その知見を実践にいかす術を身につけることの重要性について，現在よりも関心が薄かったように思われる。

　時代は移り変わり，特に1990年代後半に入ってLD，ADHD，アスペルガー症候群の概念が我が国に次々と紹介されるようになると，それらの発達障害やこれまで気づかれていなかった軽度の知的障害等のある人

の生きづらさが広く知られるようになった。今では心理の専門家を目指す者にとって，さまざまな障害についての広範な知識と実践的な支援の方法を学んでおくことが必須とされる時代となった。本書がそのような学びの一助となれば幸いである。

　なお，心理専門職の職域は教育，福祉，医療等と幅広い。同じ障害であっても，それぞれ分野において，その名称が少しずつ異なっており，初学者にとっては戸惑うことも多い。そこで代表的な障害名の例を表にまとめたので，ご参照いただきたい。

　最後に，原稿の分担執筆をしていただいた先生方には深謝するとともに，本書の編集にご尽力いただいた窪田雅彦氏をはじめ，関係する皆様に心よりお礼申し上げる。

2020（令和2）年11月

古賀　精治

表　教育，福祉，医療分野における知的障害等の障害名一覧

教　育	福　祉	医　療	
		DSM-Ⅳ※1	DSM-5※2
知的障害	知的障害	精神遅滞	知的能力障害群 ├知的能力障害（知的発達症／知的発達障害） └全般的発達遅延
注意欠陥／多動性障害	注意欠陥多動性障害	注意欠陥／多動性障害	注意欠如・多動症／注意欠如・多動性障害
学習障害	学習障害	学習障害 ├読字障害 ├算数障害 └書字表出障害	限局性学習症／限局性学習障害
広汎性発達障害 ├自閉症 └アスペルガー症候群	広汎性発達障害 ├自閉症 ├アスペルガー症候群 └その他	広汎性発達障害 ├自閉性障害 ├レット障害 ├小児崩壊性障害 └アスペルガー障害	自閉スペクトラム症／自閉症スペクトラム障害

※1　米国精神医学会　高橋三郎・大野裕・染矢俊幸（共訳）（1996）『DSM-Ⅳ　精神疾患の診断・統計マニュアル』医学書院
※2　米国精神医学会：高橋三郎・大野裕（監訳）染矢俊幸・神庭重信・尾崎紀夫・三村將・村井俊哉（共訳）（2014）『DSM-5　精神疾患の診断・統計マニュアル』医学書院

目次

1 | 社会における「障害」の変遷

藤野陽生

《**目標＆ポイント**》「障害」という言葉は，日常の中でも広く使われている。近年では，障害者の権利に関する条約が国連総会において採択されるなど，社会における「障害」のイメージや受け入れ方は時代とともに変化してきた。そのような社会における「障害」の捉え方の変遷について説明する。本章では，社会の中で「障害」がどのように位置づけられ，どのように理解されてきたかについて，近年の動向を中心に概観する。また，そのような障害を理解する上で重要な観点を示してきた ICIDH，ICF について概要を説明する。
《**キーワード**》 障害，障害理解，ICIDH，ICF

1．障害とは

（1）障害と多様性

　社会の中では，さまざまな人が生活をしている。大人もいれば，子どももいて，高齢者もいれば，乳幼児もいる。目の不自由な人もいれば，耳が不自由な人もいる。車椅子を利用する人もいる。一つのことに集中することが得意な人もいれば，あちこちに注意がそれてしまう人もいる。話をするのが得意な人，言葉で話をするのが難しい人もいる。私達の社会は，そのような多様な人々によって構成されている。

　パラリンピックは，障害のあるトップアスリートが出場できるスポーツの祭典であり，オリンピックの開催年に，オリンピックに続いて開催されている。年により競技種目は変わるが，車いすバスケットボール，ブラインドサッカーなど，さまざまな競技を通じて，障害のある人が活

躍している姿を，一般の人が目にする機会も多くなってきている。近年では，このような機会を通じて，障害や生活の多様性といったことが社会的にも注目されるようになった。

（2）障害の意味

　「障害」という言葉をいくつかの辞書で引いてみると，共通した特徴としては，「物事の正常な進行や活動の妨げとなるもの」といった物事の状況に関する意味，「個人的な要因，社会的環境によって，心や身体上の機能が十分に働かず，活動に制限がある」といった個人の置かれた状況に関する，大きく2つの意味がある。ここでは，「正常」や「十分に機能」している状態が実現されていないということが示されている。「正常」や「十分に機能」している状態というのは，いわゆる「健康」と呼ばれる状態である。それでは，やや逆説的ではあるが，「障害」とは何か，ということを考えるために，「健康」な状態と対比しながら考えを進めていこう。

　世界保健機関（WHO: World Health Organization）は，WHO憲章の前文（WHO, 1946）において「健康とは，病気でないとか，弱っていないということではなく，肉体的にも，精神的にも，そして社会的にも，すべてが満たされた状態にあること」と規定している。このような状態を「健康」とすると，これらの満たされていない，あるいは妨げられている状態が，「障害」や「病気」といわれる状態となることになる。このように考えると，「障害」という言葉が，身体的側面，精神的側面，社会的側面を含む，非常に広い概念であることがわかる。

　より具体的には，本書の各章でも取り上げられるように，視覚・聴覚の障害，動作に関する障害，知的能力に関する障害といったように，障害はいくつかの観点から分けられている。また，それぞれの障害の特性

によって，「障害」となるひとりひとりの経験も違っている。そして，医療や福祉，教育などさまざまな分野にわたって使われている言葉でもあり，その文脈により含まれる範囲も異なる場合がある。本章では，特定の障害に限らず，障害自体がどのように受け止められてきたのかを概観する。

2．障害に関わる世界の動向

　現代社会における障害の位置づけや，周囲の人の理解には，世界や国内のさまざまな動向が大きく影響している。「障害」自体は，その時代や地域，文化によってさまざまな意味づけがなされており，その社会や文化によってさまざまな受け止め方がされてきた。神話や民話，おとぎ話などにも描かれ，その時代時代の変遷を見ることができるが，本章では，特に近年の障害に関わる世界と国内の動向に焦点を当てて，紹介する。

表1-1　近年の障害に関する主な動向

	国内の動向		国際的な動向
1970年	心身障害者対策基本法	1975年	障害者の権利宣言　採択
		1981年	国際障害者年
1993年	心身障害者対策基本法が障害者基本法に改正	1993年	障害者の機会均等化に関する標準規則　採択
		1994年	サラマンカ宣言
2004年	障害者基本法改正	2006年	障害者権利条約　採択
2007年	日本が障害者権利条約に署名		
		2008年	障害者権利条約　発効
2011年	障害者基本法改正		
2013年	障害を理由とする差別の解消の推進に関する法律（障害者差別解消法）		
2014年	日本が障害者権利条約を批准（同年2月発効）		

（1） 障害をめぐる国際的な動向

　近年の障害理解に大きく影響を与えてきた思想に，北欧を中心に広まった「ノーマライゼーション」がある。ノーマライゼーションは，デンマークのバンク・ミケルセン（Bank-Mikkelsen, N.）が提唱したものがはじまりとされる。デンマークで施設で生活していた知的障害者の処遇改善のために，1959年に知的障害者法が制定され，その法律では，「知的障害者の生活を可能な限り通常の生活状態に近づけるようにすること」と規定された。この当時は，「障害者」は地域社会とは切り離された施設で生活をしていて，当時の人々の「通常の生活」とは程遠い状態にあった。そのため，「通常の生活状態」に近づけていくことが理念として掲げられた。

　そして，スウェーデンのニーリエ（Nirje, B.）らがノーマライゼーションの思想を発展させて紹介したことにより，欧米を中心として，各国でノーマライゼーションの思想が拡大していった。この思想が拡大していく経過で，ノーマライゼーションの対象が「知的障害者」だけでなく，「障害者」を対象とした考えとして広まっていくこととなり，社会の中での障害者イメージや障害の理解に大きな影響をもたらすこととなった。

（2） 国際連合による啓発や取り組み

　1975年には，国際連合（国連）が「障害者の権利宣言」を総会で採択した。この宣言では，障害者の基本的人権，人として尊重されること，差別から保護されることなどを再確認する内容が示された。国際的に権利宣言等の内容を実現していくために，国連は1981年を「国際障害者年」と位置づけ，障害者を支援していくことに加え，各国において具体的な施策を行っていくことを促す取り組みを行った。

　1981年の国際障害者年以降，1983年に国連が「障害者の十年」（1983
年から1992年までの10年間）を定め，「障害者に関する世界行動計画」
が策定された。このような動向を受けて，日本でも障害者のための施策
が実施されるようになり，社会の中で障害者が自立した生活を送ってい
くための，基盤が整備されていくきっかけとなった。

　国連の「障害者の十年」（1983—1992年）の間に得られた成果や課題
をもとにして，さらに1993年には「障害者の機会均等化に関する標準規
則」が採択された。その規則の目的として，障害のある人がそれぞれの
社会の市民として，その他の人々と同じ権利と義務をもち，それらを行
使するための障壁を除いていくことが掲げられた。

　障害者の機会均等化に関する標準規則では，「機会の均等化」に関し
て以下のように述べられている。

　　障害のある人々が他の人々と等しい権利を達成するに伴い，障害の
　ある人々は他の人々と等しい義務も有するべきである。障害のある
　人々が他の人々と等しい権利を達成するにつれて，社会は障害のある
　人々に対する期待を増大させるであろう。機会の均等化の過程の一部
　として，障害のある人々が社会の一員としての十分な責任を担うため
　の支援を行う用意がなされなければならない。

　　　　　　　（国際連合，障害者の機会均等化に関する標準規則より）

　ここでは，単に権利保障だけでなく，社会的障壁を取り除き，社会参
加を行っていくことで，市民としての義務も他の人と同等に有すると述
べられている。つまり，障害のある人も市民社会の一員としての役割を
担っていくという障害者像が示され，そのような理念を実現していくた
めの枠組みや支援をより一層進めていくことが期待された。

　また，教育に関わるものとして，1994年のサラマンカ宣言では障害の
ある子ども，特別な支援の必要な子どもを含め，すべての子どもを包含
できるような教育システムの改善を図り，インクルーシブ教育の原則を
取り入れる必要性を示したことがあげられる。このような動向が国内で
は特別支援教育の推進といった動きにつながっていくことになる（特別
支援教育についての詳細は第2章を参照）。

（3）日本における動向

　戦後の日本においては，1949年の「身体障害者福祉法」を始まりとし
て，1950年の「精神衛生法」，1960年の「知的障害者福祉法」といった
各種法律が作られ，1970年の「心身障害者対策基本法」によって示され
たものが，主要なものである（近喰・宮尾，2008）。心身障害者対策基
本法では，障害のある者について，以下のように規定していた。

　　この法律において「心身障害者」とは，肢体不自由，視覚障害，聴
　覚障害，平衡機能障害，音声機能障害若しくは言語機能障害，心臓機
　能障害，呼吸器機能障害等の固定的臓器機能障害又は精神薄弱[*1]等の
　精神的欠陥（以下「心身障害」と総称する。）があるため，長期にわ
　たり日常生活又は社会生活に相当な制限を受ける者をいう。

　　　　　　　　　　　　　　　　　　　　　（心身障害者対策基本法より）

　つまり，何らかの障害や疾患により，長期にわたって日常生活や社会
生活に困難がある個人を指すと理解することができる。
　1993年には「心身障害者対策基本法」が改正され，名称も「障害者基
本法」に改められた。その後も改正を重ね，2011年に改正された障害者
基本法の第2条では，障害者と社会的障壁について，以下のように定義

---

*1　現在は，精神薄弱ではなく，知的障害という。

され，その内容が大きく変わっている。

　一　障害者　身体障害，知的障害，精神障害（発達障害を含む。）その他の心身の機能の障害（以下「障害」と総称する。）がある者であつて，障害及び社会的障壁により継続的に日常生活又は社会生活に相当な制限を受ける状態にあるものをいう。
　二　社会的障壁　障害がある者にとつて日常生活又は社会生活を営む上で障壁となるような社会における事物，制度，慣行，観念その他一切のものをいう。　　　　　　　　　　　　　　（障害者基本法より）

　この規定は，2011年に改正され，単に障害によって日常生活や社会生活に制限を受けるというだけでなく，「社会的障壁」による生活制限などが規定されたことが大きな改正点であった。つまり，障害が単に個人の特性によるものだけではなく，社会の状況によっても影響されるという観点を含めた理解へと変わっていったことがわかる。そして，障害者は，社会を構成する一員として社会，経済，文化その他あらゆる分野の活動に参加する機会を与えられること等が基本理念として確認された。
　また，同じく2011年の改正によって，「身体障害」「知的障害」「精神障害」に加えて「発達障害」や「難病に起因する障害」も含むものであるということを明確にするために，「発達障害」や「その他心身の機能の障害」として，障害者基本法に明記されることとなった。

（4）近年の障害をめぐる動向

　2006年に国連で採択された「障害者の権利に関する条約」（障害者権利条約）は，近年の障害をめぐる動向としては，世界的にも大きな影響をもたらすきっかけとなった。国連は，「障害者の権利宣言」などをは

じめとして，これ以外にも，障害者の人権を保護し，権利を保障するための宣言や行動計画を採択するなどして，国際社会に対して障害者の権利保障のための取り組みを行ってきた。しかしながら，国や地域によっては障害者の人権が侵害されることが容認されるという状況が続いていた。そのような状況を改善するために，法的拘束力のある条約の必要性が認識されるようになり，2001年から国連での議論が始められ，2006年に国連総会で，障害者権利条約が採択されることとなった。

　障害者権利条約は，以下の4つの内容から構成されている。

①一般原則（障害者の尊厳，自律及び自立の尊重，無差別，社会への完全かつ効果的な参加及び包容等）

②一般的義務（合理的配慮の実施を怠ることを含め，障害に基づくいかなる差別もなしに，すべての障害者のあらゆる人権及び基本的自由を完全に実現することを確保し，及び促進すること等）

③障害者の権利実現のための措置（身体の自由，拷問の禁止，表現の自由等の自由権的権利及び教育，労働等の社会権的権利について締約国がとるべき措置等を規定。社会権的権利の実現については漸進的に達成することを許容）

④条約の実施のための仕組み（条約の実施及び監視のための国内の枠組みの設置。障害者の権利に関する委員会における各締約国からの報告の検討）

　これらの内容によって，障害のある人の権利尊重や社会参加への支援を行っていく必要があるといった基本理念だけでなく，③や④の内容が含まれたことによって，各国が条約で示されている原則を実現するための具体的な仕組みを築いていくこととなった。これによって，条約を批准した国は，それぞれの国において，条約の理念を実現するための施策を実施していくこととなった。

日本でも，条約に署名した後，批准[*2]するために必要な法制度などの整備を進めてきた。その結果，条約に示された理念を実現するための具体的な施策として，障害者の雇用推進，障害者差別解消法による合理的配慮の提供などさまざまな取り組みを行っていった。このような施策によって，障害を取り巻く状況は社会状況とともに少しずつ変化してきている。

3．WHO による障害理解の枠組み

障害は，それ自体が個人の日常生活や社会生活を阻害するものとして認識されてきたが，障害による生活への影響にもいくつかの側面があることが認識されるようになり，さまざまな障害理解の枠組みが提案されてきた。WHO が1980年に発表した「国際障害分類（ICIDH: International Classification of Impairments, Disabilities, and Handicaps）」では，「障害」を「機能障害（impairment）」，「能力障害（disability）」，「社会的不利（handicap）」という３つの障害の次元に分類して捉えていくモデルを提案した（**図 1 - 1**）（WHO, 1980）。このような捉え方によって，単に「障害がある」と見るだけでなく，３つのそれぞれの次元でどのような困難があり，どのような支援を行っていくことができるかを検討することが可能となった。

例えば，交通事故によって，脊髄が損傷し，下肢（脚）にまひがあっ

図 1 - 1　ICIDH における障害の構成要素

[*2]　条約や協定を国として最終的に確認し，示された内容を実行していくことに同意すること。国は，これに沿って条約の内容を具体化し，実行していくことになる。

て，足を使って歩くことが難しいという人のことを考えてみる。このような場合は，「脊髄損傷」という「疾患・障害」によって，下肢の運動まひといった「機能障害」が生じる。そして，そのような運動まひによって，歩行や自力での移動が困難といった，「能力障害」が生じる。その結果として，自分の参加したい活動に一人で参加することができない，特定の仕事ができないといった「社会的不利」が生じることとなる（図1-2）。

　このように，ICIDH のモデルに沿って考えてみると，それぞれの段階で障害を分けて捉えていくことができる。それによって，「障害」のどのような側面に支援を行っていくことができるのかを検討できるようになる。例えば前記のような例であれば，「下肢の運動まひ」への支援を行うのは医療の役割となるだろう。さらに，「歩行や自力での移動」は，リハビリテーションなどが支援となりうる。そして，「一人での活動参加の困難」については，車いすや移動補助などの福祉的支援がその支援を担うことができる（図1-2）。これらは1つの例ではあるが，このように ICIDH のモデルを利用することによって，単に，障害としてすべての問題をひとくくりにするのではなく，いくつかの次元から考えていく必要があることをモデルとして示した点で大きな意義があった。さらに，どの観点・問題にアプローチしていく必要があるかを考えることができるということも ICIDH の大きな貢献だったといえる。

　しかし，一方で，ICIDH の「障害」の捉え方では，「障害があること

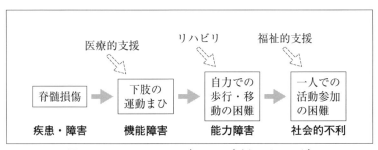

図1-2　ICIDH のモデルでの支援のイメージ

は，機能障害，能力障害につながり，最終的に社会的不利につながって
いく」といったように，障害の持つネガティブな点を強調するモデルに
なっていると誤解されることもあった（上田，2004）。障害をもちなが
らも社会的に活躍している人々を十分に表現することができないといっ
た限界もあった。ICIDH自体が元々試行的な性質の分類であったこと
もあり，日本における障害者支援の枠組みでは，それほど広く普及する
ことはなかった。

　ICIDHが発表されて約20年後の2001年には，それまでに議論された
ICIDHの課題や，国際的な「障害」の理解に関わる議論を踏まえて，
ICIDHの改訂版として国際生活機能分類（ICF：International Classifica-
tion of Functioning, Disability and Health）がWHOによって発表され
た（WHO，2001）。

　ICFはICIDHの要素を受け継ぎながらも，構成する概念が「社会的
不利」といった用語ではなく，中立的な用語を用いることによって，ポ
ジティブなものもネガティブなものも含むことができるように拡張され
た（**図1-3**）。ICFを構成する概念については，**表1-2**のように示さ
れている。

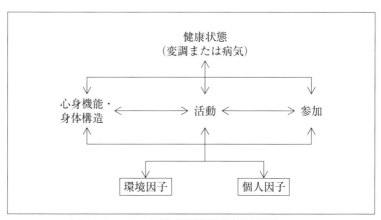

図1-3　ICFの構成要素間の相互作用
厚生労働省ホームページより転載.

表1-2　ICF 構成要素の概観

定義
健康との関連において
心身機能（body functions）とは，身体系の生理的機能（心理的機能を含む）である。
身体構造（body structures）とは，器官・肢体とその構成部分などの，身体の解剖学的部分である。
機能障害（構造障害を含む）（impairments）とは，著しい変異や喪失などといった，心身機能または身体構造上の問題である。
活動（activity）とは，課題や行為の個人による遂行のことである。
参加（participation）とは，生活・人生場面（life situation）への関わりのことである。
活動制限（activity limitations）とは，個人が活動を行うときに生じる難しさのことである。
参加制約（participation restrictions）とは，個人が何らかの生活・人生場面に関わるときに経験する難しさのことである。
環境因子（environmental factors）とは，人々が生活し，人生を送っている物的な環境や社会的環境，人々の社会的な態度による環境を構成する因子のことである。

厚生労働省ホームページより転載.

　これらは大きく以下の2つの構成要素に分けることができる（WHO，2001）。生活機能と障害は，心身機能・身体構造，活動，参加によって構成される。そして，背景因子は，環境因子と個人因子から構成されている。ICF では，その個人の生活機能や適応を考えていく上で，障害だけでなく，環境の要因（物理的環境，社会的環境など）や個人因子（性別，教育歴，心理的資質など）も含めて考えていくことが重要であることを示している。

　図1-3では，これらの要素が相互に作用し合っていることを，双方向の矢印で表現している。例えば，先にも取り上げた，脊髄損傷による下肢の運動まひがあるという人について考えてみると，「環境を整備す

る」ことによって「社会参加」がしやすくなり，それが「リハビリテーションへの意欲」につながり，「機能改善」にも影響するといったように，要素間が一方向でなくさまざまに影響することがある。そして，たとえ病気によって「心身機能」には障害があったとしても，周囲の支援があり，「活動」には影響がなく生活できているといったポジティブな面も含めて捉えることができる。教育や福祉，リハビリテーションなどさまざまな分野で ICF が紹介され，活用されるようになってきており，今日の障害のある人への支援を理解していくための，基本的枠組みとして活用されている。

4．障害のある人への心理的支援

　障害とともに生活するということは，現状の社会においては日常生活や社会生活においてさまざまな困難を伴うこととなる。病気や障害に対する治療（医療）や福祉的支援は，その個人の生活の質を高めるために必要であるが，それだけでなく，その人が精神的，心理的苦痛や人生の苦悩に向かい合っていくために，心理的支援が必要となることがある。障害のある者の心理社会的課題を理解する上では，本章で述べてきたように，社会とのかかわりを抜きにして考えることはできず，その個人だけでなく，家族や地域，それらを取り巻く社会，時代背景といった観点も含めて理解していく必要がある。特に，近年は ICF に代表されるように，障害を単に個人の特性としてとらえるだけでなく，より広い社会との関係や環境の中で生活をしているといった観点が不可欠となっている。

　今後も，「障害」の意味や捉え方は，その社会状況によって変わっていく可能性がある。そのような動向にも目を向けながら，その人にとっての「障害」が何であるかを理解していく必要がある。そして，心理支

援を考える上では，個人の障害特性，性格や心理的特性，家族背景，地域や社会との関係など多様な観点から理解し，支援を行っていくことが求められる。

引用文献

近喰ふじ子・宮尾益知（監）（2008）．『障害児の理解と支援―臨床の現場へ』駿河台出版社．

上田敏（2004）．「ICF：国際生活機能分類と高次脳機能障害」『高次脳機能研究』，24 (3)，pp. 244-252.

WHO (1946). Preamble to the Constitution of WHO. World Health Organization.（世界保健機関（1946）世界保健機関憲章前文）．

WHO (1980). International Classification of Impairments, Disabilities, and Handicaps. World Health Organization.

WHO (2001). International Classification of Functioning, Disability and Health. World Health Organization.『国際生活機能分類(ICF) ―国際障害分類改定版―』．中央法規．2002年．

2 | 特別支援教育

衛藤裕司

《目標＆ポイント》　障害のある子どもについては，障害の状態に応じて，その可能性を最大限に伸ばし，自立と社会参加に必要な力を培うため，一人一人の教育的ニーズを把握し，適切な指導および必要な支援を行う必要がある。このため，障害の状態等に応じ，特別支援学校，小・中学校の特別支援学級，通級による指導等において，特別の教育課程，少人数の学級編制，特別な配慮の下に作成された教科書または代替教科書，専門的な知識・経験のある教職員，障害に配慮した施設・設備などを活用した指導や支援が行われている。この「特別支援教育」についての概要を知り，心理の専門家として従事する可能性のある業務について学ぶことを目的とする。
《キーワード》　特別支援教育，教育課程，システム

1．特別支援教育の定義

　戦後，日本の障害児教育は，50年間にわたり「特殊教育」制度により実施されてきた。しかし，2006年に制度転換が図られ，2007年4月から「特別支援教育」制度が本格的に実施されている。「特殊教育」が，障害の種類と程度に応じ，特別な場で行われた教育であったのに対し，「特別支援教育」は，1人1人の教育的ニーズに応じ，通常学級も含めたあらゆる場で行われる教育であるとされている。特別支援教育の定義を**表2-1**に示した。

表2-1　特別支援教育の定義

> 「特別支援教育」とは，障害のある幼児児童生徒の自立や社会参加に向けた主体的な取組を支援するという視点に立ち，幼児児童生徒一人一人の教育的ニーズを把握し，その持てる力を高め，生活や学習上の困難を改善又は克服するため，適切な指導及び必要な支援を行うものである。

（中央教育審議会，2005）

　この定義から，特別支援教育の対象は，障害による学習上または生活上の困難のある幼児児童生徒であることがわかる。その1人1人の教育的ニーズとは，例えば，教育課程については，「通常の教育課程を基盤として，教育内容，達成水準，学習順序，授業時数，指導方法等において，その幼児児童生徒の実態に合わせ，変更・修正が必要であるもの」と考えられる。このような変更・修正を実施した上で教育を行い，さらに，障害による学習上または生活上の困難を改善・克服するための適切な指導，つまり授業（＝自立活動）と，必要な支援を行うものを特別支援教育と定義している。

2．在籍と対象障害

　障害のある児童生徒達の様子はさまざまである。そのため，特別支援教育には「多様な学びの場」と呼ばれる在籍先がいくつかある。特別支援教育における在籍先と対象障害について**表2-2**に示した。

　義務教育の場合，1）小学校・中学校の通常学級，2）小学校・中学校の通常学級＋通級による指導，3）小学校・中学校の特別支援学級，4）特別支援学校小学部・中学部の単一障害学級，5）特別支援学校小学部・中学部の重複障害学級がそれにあたる。必ずというわけではないが，一般的に，2）→5）の順に「障害の程度」は重くなり，支援を多く必要とする児童生徒が在籍している。

表 2 - 2　特別支援教育における在籍先と対象障害種

通級による指導	特別支援学級	特別支援学校		
2）通常学級 在籍	3）特別支援学級 在籍	4）単一障害学 級 在籍	5）重複障害学級 在籍	
弱視 難聴 肢体不自由 病弱及び身体虚弱 言語障害 情緒障害 自閉症 学習障害 注意欠陥多動性障害	弱視 難聴 肢体不自由 病弱及び身体虚弱 知的障害 言語障害 自閉症・情緒障害	視覚障害 聴覚障害 肢体不自由 病弱 知的障害	視覚障害 聴覚障害 肢体不自由 病弱 知的障害	複数 以上 該当
13人に1名教員配置 ※高校は加配措置	1学級8人	(小・中)1学級6人，(高)1学級8人 ※重複障害の場合，1学級3人		

　また，2）〜5）の在籍学級では，障害の種類が設定されている。**表2-2**に示されているように，通級による指導では9障害，特別支援学級では7障害，特別支援学校では5障害の区分がある。なお，特別支援学校の場合，これら5障害のうちどれか1つに該当する場合を「単一障害」，複数以上の障害種に該当する場合を「重複障害」としている。特別支援学校のみではあるが，在籍できる「障害の区分」と「障害の程度」を**表2-3**に示した。この区分は医学の「疾患名」ではない。例えば，医療機関において，自閉症スペクトラム障害（ASD）と診断を受けても，中度または重度の知的障害があれば，「知的障害者」のための教育サービスの提供を受けるかもしれない。このように必ずしも，医学的診断と教育的判断は一致しない。

　日本の障害のある児童生徒は，市町村教育委員会および都道府県教育委員会の設置する教育支援委員会（適正就学指導委員会）により「障害

表2-3 特別支援学校に就学できる「障害の区分」と「障害の程度」

区分	障害の程度
視覚障害者	両眼の視力がおおむね〇・三未満のもの又は視力以外の視機能障害が高度のもののうち，拡大鏡等の使用によつても通常の文字，図形等の視覚による認識が不可能又は著しく困難な程度のもの
聴覚障害者	両耳の聴力レベルがおおむね六〇デシベル以上のもののうち，補聴器等の使用によつても通常の話声を解することが不可能又は著しく困難な程度のもの
知的障害者	一　知的発達の遅滞があり，他人との意思疎通が困難で日常生活を営むのに頻繁に援助を必要とする程度のもの 二　知的発達の遅滞の程度が前号に掲げる程度に達しないもののうち，社会生活への適応が著しく困難なもの
肢体不自由	一　肢体不自由の状態が補装具の使用によつても歩行，筆記等日常生活における基本的な動作が不可能又は困難な程度のもの 二　肢体不自由の状態が前号に掲げる程度に達しないもののうち，常時の医学的観察指導を必要とする程度のもの
病弱者	一　慢性の呼吸器疾患，腎臓疾患及び神経疾患，悪性新生物その他の疾患の状態が継続して医療又は生活規制を必要とする程度のもの 二　身体虚弱の状態が継続して生活規制を必要とする程度のもの

（学校教育法施行令　第22条の3）

の程度」と「障害の種類・数」が判断され，それに基づく学校での在籍を基盤に，特別支援教育と言われる教育を受ける。この教育支援委員会の委員に心理の専門家がなることも少なくない。そして，心理評価の検査結果や行動観察の結果についての意見を求められたりする。就学前の保健福祉分野の仕事として，市町村実施の乳幼児健診で心理の仕事を担当していたり，子育て支援として，乳幼児健診で気になる子ども達への心理学的なグループ・アプローチを行っていたり，また，保護者への精神的な相談支援を担当していたり，または療育センターで心理療法を担当していたりすると，そのまま，市町村教育委員会の設置する教育支援

委員会の心理担当の委員になることもよくある。

　ところで，小学校・中学校の場合，通級による指導・特別支援学級には，例えば「ことばの教室」，「こころの教室」や「ひまわり学級」，「たんぽぽ学級」等，（正式ではないが）教室・学級に独自の名前がつけられていることがよくある。通級による指導でも「○○教室」ではなく「○○学級」という名称がつけられていたりすることもある。その学校に設置されているのが，通級による指導であるのか，特別支援学級であるのか，また，対象とする障害種は何であるのかを学校関係者や教育委員会関係者等に尋ね，確認しておくことは重要である。それぞれ適用される教育課程に違いがあり，就学した後の学習内容の程度や量，そして指導の形態に違いが生じる。

　また，居住地に近い小学校・中学校に，全障害種の「通級による指導」と「特別支援学級」が設置されているわけではない。既設の場合，すでに在籍する児童生徒が翌年度以降も在籍すれば，一般的に，設置は継続される。しかし，新設の場合，在籍を希望する児童生徒がいても，新たに設置されるかどうかはわからない。このように通級による指導・特別支援学級に関しても，設定されている対象障害種を知り，居住地域の設置の現状を情報として知っておく必要がある。

　特別支援学校については，市町村教育委員会による小学校・中学校への就学を検討した後，必要があれば，都道府県教育委員会の教育支援委員会において，就学が検討されることになる。特別支援学校の場合も「主として教育する障害種」が各学校で定められている。

　障害のある児童生徒の保護者は，就学に関する知識を学ぶ機会がなかったり，居住地に近い小学校・中学校に関する情報が少ないと，就学までの過程で「混乱し」「不安になる」状態が生じやすくなる。そのためにも，その地域における特別支援教育に関する情報を正確に知る，ま

たは正確に知っている人を把握しておくことは，とても重要である。

3．特別支援教育を受けている児童生徒数

　義務教育段階において特別支援教育を受けている児童生徒数を**表2−4**に示した。

　2017年度の義務教育を受けている児童生徒数は989万人であり，そのうち，約41万7千人（4.2%）が特別支援教育の対象になっている。2005年度と比較すると通級による指導が約2.4倍，特別支援学級が約2.1倍，特別支援学校が約1.3倍になっている。日本全体の児童生徒数が減少傾向にある中，特別支援学校，特別支援学級，通級による指導において教育を受けている児童生徒数は増加傾向が続いている。

　同時に，特別支援学校においては教室不足の問題が生じている。2017年時点において，全国で3,079教室不足している（文部科学省，2017）。

表2−4　特別支援教育の対象者数（2017年度）

約417,000人（義務教育段階の全児童生徒数989万人の4.2%）		
通級による指導	**特別支援学級**	**特別支援学校**
約109,000人（義務教育段階の全児童生徒数989万人の1.1%）	約236,000人（義務教育段階の全児童生徒数989万人の2.4%）	約141,900人（このうち小学部，中学部は71,800人）（義務教育段階の全児童生徒数989万人の0.7%）
弱視（約200人） 難聴（約2,200人） 肢体不自由（約120人） 病弱・身体虚弱（約30人） 言語障害（約37,600人） 自閉症（約19,600人） 情緒障害（約14,600人） 学習障害（約16,500人） 注意欠陥多動性障害（約18,100人）	弱視（約500人） 難聴（約1,700人） 肢体不自由（約4,500人） 病弱・身体虚弱（約3,500人） 知的障害（約113,000人） 言語障害（約1,700人） 自閉症・情緒障害（約110,500人）	視覚障害（約5,300人） 聴覚障害（約8,300人） 肢体不自由（約31,800人） 病弱・身体虚弱（約19,400人） 知的障害（約128,900人） ※重複障害の場合，ダブルカウントしている

（文部科学省「特別支援教育資料（平成30年度)」および文部科学省「新しい時代の特別支援教育の在り方に関する有識者会議資料（令和元年度）より作成）

4．就学先決定までの流れ

　特別支援教育の対象となる障害のある児童生徒の就学決定までの手続きの流れを図2-1に示した。

　市町村の教育委員会は，10月1日現在においてその市町村に住所のある新入学者について，毎年10月31日までに，学齢簿を作成する（学校教育法施行令第2条，学校教育法施行規則第31条）。その後，市町村の教育委員会は，学校保健安全法施行令第2条の規定により11月30日までに，就学予定者の健康診断を行う（学校保健安全法施行令第1条）。そして，就学予定者が学校教育法施行令第22条の3に規定する障害の程度であるかどうかを市町村教育委員会は判断する。

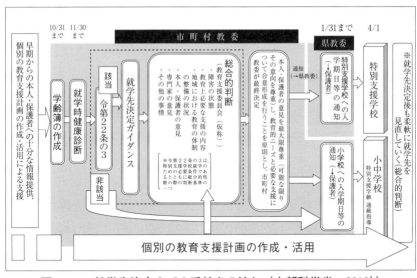

図2-1　就学先決定までの手続きの流れ（文部科学省，2013））

　この判断を行う上で，専門的知見に立脚した客観的な判断が確保されるよう行政通達により市町村の教育委員会に対し，医学，心理学，教育学の分野の専門家の意見を基に判断することが要請されている（「学校教育法施行令の一部改正について」（2002年4月24日付け文科初第148号））。そのこともあり，市町村の教育委員会においては，障害の種類，程度の判断について，専門的立場から調査・審議するため，就学指導委員会（教育支援委員会）を設置することが定着している。前述したように心理の専門家は，この業務に就くことがある。

　また，文部科学省は，2007年3月23日に「学校教育法等の一部を改正する法律の施行に伴う関係政令の整備等に関する政令」により，障害のある児童の就学先決定時における保護者からの意見聴取を義務付けている（第18条の2）。障害のある乳幼児を対象とする保健福祉関係の機関で業務を行っている場合，保護者から将来の就学について相談されることも少なくない。

5．特別支援教育の教育課程

　就学先の小学校・中学校・特別支援学校では，障害のある児童生徒のための教育課程を，法令，学習指導要領，各種通知等に基づき，編成する。教育課程とは「学校教育の目的や目標を達成するために，教育の内容を児童生徒の心身の発達に応じ，授業時数との関連において総合的に組織した各学校の教育計画」である（文部省，1989）。障害種の区分により，教育課程の編成上の内容の取扱いや授業時数の取扱いに違いがあり，障害の程度（在籍）と障害種に応じた教育課程の編成ができるようになっている。次はこの特別支援教育の教育課程について説明する。

（1）特別支援学校の教育課程

　日本の特別支援学校における教育の基本は「幼稚園，小学校，中学校及び高等学校に準ずる教育を施す（学校教育法第72条）」とある通り，「準ずる教育」である。「準ずる」というのは「同じである」という意味である。**表2−5**に特別支援学校の教育課程に関する法令を示した（知的障害教育を主とする特別支援学校を除く）。

　表2−5を見てわかるように，特別支援学校の教育課程は，通常の教育課程に「自立活動」が付加されて編成される。つまり，「準ずる教育」とは，「通常の教育課程＋自立活動」であり，これが日本の障害児教育の基本形とも言える。

　この自立活動の授業では「個別の指導計画」を作成することが義務付けられている。この作成には高い専門性が必要とされ，特に，幼児児童生徒の実態把握について，外部専門家と連携しながら作成することも少なくない。そのため，ここで「自立活動」の授業について説明する。

表2−5　特別支援学校の教育課程

第126条　特別支援学校の小学部の教育課程は，国語，社会，算数，理科，生活，音楽，図画工作，家庭及び体育の各教科，道徳，外国語活動，総合的な学習の時間，特別活動並びに<u>自立活動</u>によつて編成するものとする。
第127条　特別支援学校の中学部の教育課程は，国語，社会，数学，理科，音楽，美術，保健体育，技術・家庭及び外国語の各教科，道徳，総合的な学習の時間，特別活動並びに<u>自立活動</u>によつて編成するものとする。
第128条　特別支援学校の高等部の教育課程は，別表第三及び別表第五に定める各教科に属する科目，総合的な学習の時間，特別活動並びに<u>自立活動</u>によつて編成するものとする。

（学校教育法施行規則第126条の第 1 項，第127条の第 1 項）

（2）「自立活動」の授業

　自立活動は「個々の児童又は生徒が自立を目指し，障害による学習上又は生活上の困難を主体的に改善・克服するために必要な知識，技能，態度及び習慣を養い，もって心身の調和的発達の基盤を培う（文部科学省，2018）」ことを目標とする授業である。

　わかりづらいが，「障害による学習上又は生活上の困難を主体的に改善・克服するために必要なことを学ぶ」ための授業であるということが重要である。つまり，児童生徒は，生活を送る中で，教科の学習を行ったり，昼休みを友達と過ごしたり，掃除の時間に清掃をしたりする。しかし，心身の調子が悪かったり，学びが順調に進まなかったり，うまくできなかったりということが生じる。また，そのことを前向きにとらえられなかったりもする。そのことを，ここでは「困難」と表現している。このような困難は，ある意味で，児童生徒の誰にでも生じ得る。つまり，障害の「ある／なし」によらず，生じ得る。自立活動の授業では，これらのうち，「障害による」学習上または生活上の困難を取り扱う。自分のもつ疾患の知識について学んだり，感覚補助具の使用について学んだり，代替コミュニケーションについて学んだり，人との接し方や心情理解の基礎について学んだりする。そして，それを学習「場面」や生活「場面」で使用し，活かすことにより，生活の困難さの低減を結果的に生じさせることを目的とする授業である。

　弱視のある児童を例に考えてみる。この児童は，国語の授業でよく教科書を読むことがあるが，視力が低いため，文字がよく見えない。そのため，読み間違えたり，たどたどしくしか読めなかったりする。そのことから，書かれている文章の意味がわかりづらく，国語の勉強が中々進まない。

　自立活動の授業では，この児童に対し，例えば「弱視レンズの使い

方」を指導する。この児童は弱視レンズの使い方を学び，文字を的確に
または速く読むことを自立活動の授業の時間に練習する。そして，国語
の授業場面で，練習の成果を活かし，教科書の文章を以前より的確に速
く読めるようになる。ここまでが自立活動の授業となる。ちなみに，そ
の結果，教科書に書かれている文章の意味がわかり，登場人物の心情や
行動について考えやすくなるのは「国語」の授業の範囲内となる。

　自立活動とは，このような「学び」を行う授業である。結果として，
学習場面の困難や生活場面の困難（ここでは，国語の教科書を読むとい
う学習場面）が改善されなければならない。そのため，教員は，知って
いなければならないことは何か（知識），具体的に教える技能はどのよ
うなものがよいのか（技能），それは児童生徒自らが使いやすいのか
（態度），そして当該の学習場面や生活場面でよく使う機会になるのか
（習慣）ということを常に考えながら授業を計画し，実施している。

（3）自立活動の内容・実施

　ところで，この自立活動の内容は，「健康の保持」,「心理的な安定」,
「人間関係の形成」,「環境の把握」,「身体の動き」,「コミュニケーショ
ン」の6区分（27項目）により構成されている（**表2-6**参照）。「健康
の保持」は病弱教育，「心理的な安定」は知的障害教育，情緒障害教育，
「人間関係の形成」は自閉症教育，「環境の把握」は視覚障害教育，聴覚
障害教育，学習障害教育，「身体の動き」は肢体不自由教育，「コミュニ
ケーション」は知的障害教育，言語障害教育等で区分として多く適用さ
れた歴史があるが，現在は，児童生徒の障害の状態に応じ，柔軟に区
分・項目を適用できる。なお，6区分27項目をすべて行わなければなら
ないわけではなく，学習上または生活上の困難が生じる場面と幼児児童
生徒の実態によって，適用する区分・項目が決められる。

表2-6　自立活動の内容（6区分27項目）

1　健康の保持	5　身体の動き
(1)生活のリズムや生活習慣の形成に関すること。	(1)姿勢と運動・動作の基本的技能に関すること。
(2)病気の状態の理解と生活管理に関すること。	(2)姿勢保持と運動・動作の補助的手段の活用に関すること。
(3)身体各部の状態の理解と養護に関すること。	(3)日常生活に必要な基本動作に関すること。
(4)障害の特性の理解と生活環境の調整に関すること。	(4)身体の移動能力に関すること。
(5)健康状態の維持・改善に関すること。	(5)作業に必要な動作と円滑な遂行に関すること。
2　心理的な安定	6　コミュニケーション
(1)情緒の安定に関すること。	(1)コミュニケーションの基礎的能力に関すること。
(2)状況の理解と変化への対応に関すること。	(2)言語の受容と表出に関すること。
(3)障害による学習上又は生活上の困難を改善・克服する意欲に関すること。	(3)言語の形成と活用に関すること。
3　人間関係の形成	(4)コミュニケーション手段の選択と活用に関すること。
(1)他者とのかかわりの基礎に関すること。	(5)状況に応じたコミュニケーションに関すること。
(2)他者の意図や感情の理解に関すること。	
(3)自己の理解と行動の調整に関すること。	
(4)集団への参加の基礎に関すること。	
4　環境の把握	
(1)保有する感覚の活用に関すること。	
(2)感覚や認知の特性についての理解と対応に関すること。	
(3)感覚の補助及び代行手段の活用に関すること。	
(4)感覚を総合的に活用した周囲の状況についての把握と状況に応じた行動に関すること。	
(5)認知や行動の手掛かりとなる概念の形成に関すること。	

（文部科学省「特別支援学校幼稚部教育要領 小学部・中学部学習指導要領 (2018)」）

　障害のある児童生徒の学習上または生活上の困難把握と障害の状態を把握するところから，自立活動の内容は決定される。そのうち，障害の状態に関しては，さまざまな視点から児童生徒の実態をとらえることが必要である。スクールカウンセラーをしている時，学校に巡回相談をしている時，後に述べる専門家チームの一員である時など，仕事の種類に関わらず，心理の専門家として，心理評価，行動観察による所見等が求められる。

　学校側はどの学校も心理の専門家に関する社会的資源を均等にもたないので，連携のとれる社会的資源に依頼することが多い。そのため，いろいろな障害種の実態把握に応じられる心理評価と行動観察等の専門性が必要になる。

　ところで，この自立活動は，授業としては，時間割上に授業時間を確保して実施する場合と，教科等の授業の中や学校生活場面に組み込んで行う場合がある。後者は，自立活動が「学習上又は生活上の困難」の改善・克服を目指しているため，自立活動の時間に学んだことを実際の学習場面や生活場面で「使用する」ために設定される。そのため，児童生徒の行動観察は，自立活動の授業内だけでなく，教科等の授業を受けている時や授業外の活動も観察し，分析しなければならない。

　自立活動の授業時数設定は，過去に年間105単位時間以上，つまり1週3単位時間で35週間設定することが長い間，1つの目安とされてきた。しかし，現在は，通級による指導を除き，特に決められていないようである（都道府県によって目安を示しているところはある）。この自立活動の授業は，特別な場合を除き，設定しないことはないと考えられている。

　日本の障害児教育の教育課程は，障害が重くなればなるほど，基本的には，自立活動の授業時数が増えるよう設計されている。

（4）知的障害者の教育課程

　知的障害の教育課程にしかない教科がある。それは，小学部の教科「生活」と中学部の教科「職業・家庭」，高等部の教科「職業」である（**表2−7**参照）。そして，さらに，高等部専門学科の教科「家政」，「農業」，「工業」，「流通・サービス」，「福祉」も知的障害教育のみの教科である。

　このように独自教科が設定できるのに加え，知的障害の教育課程では，教科の授業や領域の授業を合わせて行うことができる。これを「教科等を合わせた指導」という。ただし，この場合，「遊びの指導」，「日常生活の指導」，「生活単元学習」，「作業学習」のいずれかの指導形態になる。

　知的障害教育を除く特別支援教育は，障害の程度が重くなるほど自立活動の授業時数が多くなると先に述べたが，知的障害教育は，障害の程

表2−7　知的障害教育の教育課程

> **第126条 2**　前項の規定にかかわらず，知的障害者である児童を教育する場合は，生活，国語，算数，音楽，図画工作及び体育の各教科，道徳，特別活動並びに自立活動によつて教育課程を編成するものとする。
> **第127条 2**　前項の規定にかかわらず，知的障害者である生徒を教育する場合は，国語，社会，数学，理科，音楽，美術，保健体育及び職業・家庭の各教科，道徳，総合的な学習の時間，特別活動並びに自立活動によつて教育課程を編成するものとする。ただし，必要がある場合には，外国語科を加えて教育課程を編成することができる。
> **第128条 2**　前項の規定にかかわらず，知的障害者である生徒を教育する場合は，国語，社会，数学，理科，音楽，美術，保健体育，職業，家庭，外国語，情報，家政，農業，工業，流通・サービス及び福祉の各教科，第百二十九条に規定する特別支援学校高等部学習指導要領で定めるこれら以外の教科，道徳，総合的な学習の時間，特別活動並びに自立活動によつて教育課程を編成するものとする。

（学校教育法施行規則第126条の第2項，第127条の第2項）

度が重くなるほど，この教科等を合わせた指導の授業時数が多くなるよう設計されている。つまり，特別支援学級より特別支援学校の単一障害学級の方が，特別支援学校単一障害学級より特別支援学校重複障害学級の方が，この指導形態の時数設定が多くなる。なお，「作業学習」は，小学部の教育課程で設定されることはなく，中学部で体験的に設定され，高等部で授業時数が多くなる。同じように「遊びの指導」や「日常生活の指導」は小学部のみの設定となることが多く，中学部・高等部では設定されないのが一般的である。

　この「教科等を合わせた指導」は教科の学習内容が入っていれば何でもよいのではなく，「コア教科（核となる教科）がある」と考えられており，それは単元ごとに，時には授業ごとに変わったりする。

　知的障害教育を主とする特別支援学校においては，この教育課程で学んでいる児童生徒の約半分ほどが「自閉症のある知的障害」であることが知られている。この障害の児童生徒用の教育課程はなく，そのため，知的障害の教育課程で学んでいる。克服すべき行動（昔の「問題行動」）が多く，この克服すべき行動への対応は，心理の専門家への質問が最も多いものの1つであると思われる。

（5）重複障害者等の特例

　さらに，特別支援学校の教育課程編成において重要な特例がある。「重複障害等の特例」と言われるが，特別支援学校の重複障害のある児童生徒の教育課程についてだけでなく，知的障害のある児童生徒の教育課程，小学校・中学校の特別支援学級の教育課程等の編成についても，その取扱いが定められている。その例を**表2-8**に示した。

表2-8 「重複障害者などの特例」の例

＜重複障害者等に関する教育課程の取扱いの例＞

1 児童生徒の障害の状態により特に必要がある場合
・各教科の目標及び内容の一部を取り扱わないことができる。
・各教科の各学年の目標及び内容の一部又は全部を，当該学年より前の学年の目標及び内容の一部又は全部によって，替えることができる。
・中学部の各教科等の目標及び内容に関する事項の一部又は全部を，小学部の各教科等の目標及び内容に関する事項の一部又は全部によって，替えることができる。
2 特別支援学校（知的障害）小学部に就学する児童のうち，小学部の3段階に示す各教科等の目標を達成している者については，小学校学習指導要領に示す各教科等の目標及び内容の一部を取り入れることができる。
3 特別支援学校（視覚障害）等に就学する児童生徒のうち，知的障害を併せ有する者については，各教科の目標及び内容に関する事項の一部又は全部を，特別支援学校（知的障害）の各教科の目標及び内容の一部又は全部によって，替えることができる。
4 重複障害者のうち，障害の状態により特に必要がある場合，各教科等の目標及び内容に関する事項の一部又は各教科，外国語活動，総合的な学習の時間に替えて，自立活動を主として指導を行うことができる。
5 障害のために通学して教育を受けることが困難な児童生徒に対して，教員を派遣して教育を行う場合には，上記1から4に示すところによることができる。

（文部科学省「特別支援学校教育要領・学習指導要領解説　総則編（2018）」）

（6）特別支援学級の教育課程

　小学校・中学校における特別支援学級の教育課程は，設置されている学校の教育内容と標準授業時数に基づき，編成される。しかし，特に必要のある場合，「特別の教育課程」により教育課程を編成することができる。つまり，特別支援学校の学習指導要領によることができる。

　知的障害特別支援学級以外でよく教育課程編成に使用されるのは，在籍学年より1学年下の学年の目標を扱う「下学年代替」である。また，

知的障害特別支援学級では，知的障害教育のみの教科，例えば「生活」等を設定する。その上で，「教科等を合わせた指導」の指導形態により「日常生活の指導」や「生活単元学習」等の授業が実施されている。

　また，自立活動の授業を取り入れなければならないことになっている。

（7）通級による指導の教育課程

　通級による指導の教育課程は，在籍する通常学級の授業を受けながら，児童生徒1人1人で編成される。通級による指導においても，「特別な教育課程」により編成することができる。そして，特別な場で受けた授業を在籍する小学校の特別な教育課程に係る授業としてみなすことができる（学校教育法施行規則第140条，第141条）。

　通級による指導でも，自立活動の授業を取り入れなければならない。基本的に週3単位時間〜最大週8単位時間までの利用となり，週3時間目までは必ず自立活動の授業となり，それ以降の週4時間目からは自立活動の授業をさらに増やすこともできるし，教科補充の授業をすることもできる。

　なお，通級による指導は，対象となる児童生徒の在籍が通常学級にあるため，「学級」と区別し，「教室」と呼ぶことが多い（例；通級指導教室）。そこで，自立活動の授業をしている教員も「担任」ではなく「担当」とか「担当の先生」と呼ばれているのが一般的である。

　通級による指導は，学期途中でも学年途中でも指導を終了することができる。また，児童生徒の負担を考慮しながらの「放課後の指導」や「長期休業中の指導」も可能である（教育課程上の位置づけは必要）。さらに，在籍する小学校・中学校において，通級による指導が実施されていない場合，他校に設置されている通級による指導を受けることもでき

る。

6. 特別支援教育と医行為

　特別支援教育の対象の児童の生徒の中に,「医療的ケア」を受けながら学んでいる者がいる。「医療的ケア」とは, 一般的に学校や在宅等で日常的に行われている, 痰の吸引・経管栄養・気管切開部の衛生管理等の医行為を指す。医師や看護師等の免許を持たない者は, 反復継続する意思をもって医行為を行うことはできないが, 2012年度の制度改正により, 教員等も, 医行為のうち, 痰の吸引等の5つの特定行為に限り, 研修を修了し, 都道府県知事に認定された場合には,「認定特定行為業務従事者」として, 一定の条件の下で実施できることになっている。

　口腔内の喀痰吸引・鼻腔内の喀痰吸引・気管カニューレ内の喀痰吸引・胃ろうまたは腸ろうによる経管栄養・経鼻経管栄養は, 特定行為であり,「認定特定行為業務従事者」であれば, 教員等も実施可能である。このことにより, 特別支援学校の重複障害学級に在籍する児童生徒のうち, 医療的ケアの対象として, 通学するものが増えてきている。

　2017年度, 特別支援学校における通学生は全部で6,061人（4,127人）, その内訳は, 幼稚部41人（36人）, 小学部3,011人（2,089人）, 中学部1,532人（973人）, 高等部1,477人（1,029人）, 特別支援学校における訪問教育児童生徒は全部で2,157人（1,774人）, その内訳は, 幼稚部0人（0人）, 小学部1,059人（860人）, 中学部550人（372人）, 高等部548人（542人）である。小学校・中学校における全858, 通級による指導271, 特別支援学級587である。

7. 小学校・中学校への支援

　特殊教育から特別支援教育への転換が図られ, 大きな変化があったの

は，小学校・中学校である。通常の学級に在籍する学習面・行動面に困難のある児童生徒達は，2度にわたる全国実態調査において，2002年は6.3％，そして，2012年は6.5％いることが明らかにされた。これらの児童生徒達の中に発達障害である自閉症，学習障害（Learning Disabilities；LD），注意欠陥／多動性障害（Attention Deficit Hyperactivity Disorders；ADHD）のある児童生徒達が含まれている可能性があり，この児童生徒達への教育的支援を行うことが急務とされた。

　例えば，通級による指導において，学習障害の教育的判断のある児童生徒数は，2008年には3,682人であったのが，2017年には1万6,545人と約4.5倍になっている。発達障害を始めとする児童生徒達に教育的支援を提供するための体制・役割は以下の通りである。

（1）「校内委員会」の設置（各小学校・中学校）

　幼稚園・小学校・中学校は，発達障害を含む障害のある幼児児童生徒の実態把握や支援方策の検討等を行うため，校内（園内）に特別支援教育に関する委員会として「校内委員会」を設置している。校内（園内）委員会は，校長，教頭，特別支援教育コーディネーター，教務主任，生徒指導主事，通級指導教室担当教員，特別支援学級教員，養護教諭，対象の幼児児童生徒の学級担任，学年主任，その他必要と思われる者などで構成されている。この委員会で，通常学級に在籍する障害のある児童生徒または障害のあることを疑われる児童生徒の教育的対応を検討している。

　時には，校長の依頼により，この校内委員会に臨時的に心理の専門家が出席することもある。

（2）特別支援教育コーディネーターの指名（各小学校・中学校）

　小学校・中学校では，特別支援教育のコーディネーター的な役割を担う教員を「特別支援教育コーディネーター」として指名している。特別支援教育コーディネーターは，校内の教員や保護者からの相談窓口になっている他，校内委員会の運営，校内研修の企画，特別支援学校からの巡回相談に関する調整，教育委員会が設置する専門家チーム会議に関する連絡・調整などの役割を担い，校務分掌上に位置付けられている。

　心理の専門家は，この特別支援教育コーディネーターを仲介役としながら，学校側と関わっていくことになる。

（3）「専門家チーム」の設置，巡回相談の実施（教育委員会）

　障害の有無の判断や望ましい教育的対応について専門的な意見等を各学校に提示する，教育委員会の職員，教員，心理学の専門家，医師等から構成される「専門家チーム」の設置や，各学校を巡回して教員等に指導内容や方法に関する指導や助言を行う巡回相談を実施（障害のある幼児児童生徒について「個別の指導計画」および「個別の教育支援計画」に関する助言を含む）している。

（4）特別支援教育支援員の配置（教育委員会）

　「特別支援教育支援員」は，公立幼稚園，小・中学校，高等学校において，校長，教頭，特別支援教育コーディネーター，担任教師等と連携のうえ，日常生活上の介助（食事，排泄，教室の移動補助等），発達障害等の幼児児童生徒に対する学習支援，幼児児童生徒の健康・安全確保，周囲の幼児児童生徒の障害理解促進等を行う。2017年度は，幼稚園7,800人，小・中学校5万6,600人，高等学校600人の合計6万5,000人が配置された（2017年度）。

（5）　地域における特別支援教育のセンター的機能（特別支援学校）

　特別支援学校においては，これまで蓄積してきた専門的な知識や技能を生かし，地域における特別支援教育のセンターとしての機能の充実を図っている。特に，幼稚園，保育園を始めとする保育施設，小学校，中学校，高等学校および中等教育学校の要請に応じて，発達障害を含む障害のある幼児児童生徒のための個別の指導計画の作成や個別の教育支援計画の策定などへの援助を含め，その支援に努めることを図っている。特別支援学校において指名された特別支援教育コーディネーターは，関係機関や保護者，地域の幼稚園，小学校，中学校，高等学校，中等教育学校および他の特別支援学校ならびに保育所等との連絡調整を行っている。

（6）　特別支援連携協議会の設置（教育委員会）

　教育，医療，保健，福祉，労働等の関係部局，大学，保護者，NPO等の関係者からなる連携協議会を設置するなど，地域の協力体制を構築している（広域特別支援連携協議会の設置）。

（7）　個別の計画

a）「個別の指導計画」

　個別の指導計画は，一人一人の教育的ニーズに応じた指導目標，内容，方法等をまとめた計画である。特別支援学校においては，幼児児童生徒の障害の重度・重複化，多様化等に対応した教育を一層進めるため，「個別の指導計画」を活用した一層の指導の充実を進めること，また，小・中学校等においても，必要に応じて，「個別の指導計画」を作成するなど，一人一人に応じた教育を進めることが言われている。

b）「個別の教育支援計画」

　個別の教育支援計画は，家庭，地域，医療，福祉，保健等の業務を行

う関係機関との連携を図り，長期的な視点で乳幼児期から学校卒業後まで一貫した教育的支援を行うための計画である。個別の教育支援計画では，障害のある児童生徒等について，家庭，地域および医療や福祉，保健，労働等の業務を行う関係機関との連携を図ることになっている。学習指導要領等において，特別支援学校や特別支援学級の児童生徒等，通級による指導を受ける児童生徒については全員作成することとされている。

8．特別支援教育を実施する教員の専門性

2018年度の特別支援学校教諭免許状保有率は，本来保有しなければならない特別支援学校の教員は79.8％，専門性の観点から保有が望ましい特別支援学級の教員は30.8％である。免許保有の視点からの専門性は十分とは言えず，免許法認定講習，免許法通信講座等が実施されている。

9．障害者の権利条約

日本は国連の「障害者の権利条約」に批准した。そのため，インクルーシブ教育体制であることが求められ，「交流・共同学習」を強く推進している。同時に，批准の準備段階において「障害者差別解消法」を制定した。このため，1）障害者への差別の禁止，2）合理的配慮の提供，が公的機関である学校にも義務付けられている。

どのような合理的配慮が適切であるのかという点に関し，今後，さまざまなエビデンスが必要になると思われる。その中で，心理の専門家も改めて心理評価・行動観察等による専門的分析が求められるかもしれない。

文献

小林秀之（2018）．「視覚障害の理解と教育」吉田武男（監修）小林秀之・米田宏樹・安藤隆男（編）『特別支援教育—共生社会の実現に向けて—』ミネルヴァ書房．pp.59-70.

文部省（1989）．小学校学習指導要領．東京書籍.

文部科学省（2012）．通常の学級に在籍する発達障害の可能性のある特別な教育的支援を必要とする児童生徒に関する調査結果について．文部科学省初等中等教育局特別支援教育課（平成24年12月 5 日）.

文部科学省（2013）．教育支援資料.

文部科学省初等中等教育局（2007）．特別支援教育の推進について（通知）．19文科初第125号　平成19年 4 月 1 日.

文部科学省（2017）．特別支援学校における教室不足の解消について（平成29年 2 月）（各都道府県教育委員会施設主管課長及び特別支援教育主管課長宛て　施設助成課及び特別支援教育課長連名通知）.

文部科学省（2018）．特別支援学校教育要領学習指導要領解説—総則等編—．開隆堂出版.

文部科学省（2018）．特別支援学校教育要領学習指導要領解説—自立活動編（幼稚部・小学部・中学部）—．開隆堂出版.

文部科学省（2018）．特別支援学校学習指導要領解説—各教科等編（小学部・中学部）—．開隆堂出版.

文部科学省（2018）．障害に応じた通級による指導の手引—Ｑ＆Ａ—（改定第 3 版）．海文堂.

文部科学省初等中等教育局特別支援教育課（2018）．特別支援教育資料（平成30年度）.

中央教育審議会（2005）．特別支援教育を推進するための制度の在り方について（答申）.

文部科学省（2018）．学校教育法.

文部科学省（2018）．学校教育法施行令.

文部科学省（2017）．学校教育法施行規則.

米田宏樹（2020）．「知的障害の理解と指導」安藤隆男（編）『特別支援教育基礎論』

　放送大学教育振興会. pp143-163.

全国特別支援学校知的障害教育校長会（2010）.『新しい教育課程と学習活動Ｑ＆Ａ
　―特別支援教育（知的障害教育）―』東洋館出版社.

全国特別支援学校知的障害教育校長会（2020）.『学習指導要領Ｑ＆Ａ―特別支援教
　育（知的障害教育）―』. 明官　茂（監修）. 東洋館出版社.

3 | 視・聴覚障害者（児）の理解と支援

芳野正昭

《**目標＆ポイント**》　本章では，まず，視覚障害の概要（定義および分類等），視覚障害児・者の発達・心理特性，学校教育における支援の在り方について述べる。次に，聴覚障害の概要（定義および分類等），聴覚障害児・者（特に聴力損失の程度が重い聴覚障害児・者）の発達・心理特性および学校教育における支援のあり方について述べる。以上を通して，視・聴覚障害児・者の理解と支援に関する基本知識を習得する。

《**キーワード**》　視覚障害，盲，弱視，聴覚障害，ろう（聾），難聴，発達・心理特性，支援の在り方

1．視覚障害児・者の理解と支援

（1）視覚障害の概要

ａ）視覚機構（見る仕組み）

　視覚機構は眼球，視神経，視覚中枢等で構成される。

　外界から入ってきた光（外界の情報）は眼球内（**図3－1**）にある2枚の透明なレンズ（角膜と水晶体）で屈折され，硝子体を通って網膜上に結像し，電気信号に変換される。この電気信号は視神経を含む視覚伝導路を介して脳内の視覚中枢に伝達され，さらに上位中枢による処理を経て，形や色，空間の動きの視覚が生じる。視覚機構のいずれかが障害されると視覚障害が起こる（以上，岡野・内川，2020）。

ｂ）視覚障害の定義

　視覚障害は視機能の永続的低下により学習や生活に支障がある状態で

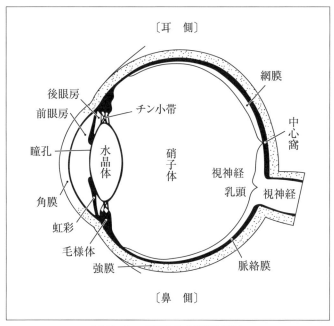

図 3 - 1　眼球の水平断面図
（原田政美（1989）.『眼のはたらきと学習　障害児教育と学校保健
の基礎知識』慶應通信より転載）

ある（文部科学省，2013）。学校教育では視覚障害特別支援学校に入学
可能な視覚障害の程度を示すものとして「両眼の視力がおおむね0.3未
満のもの又は視力以外の視機能障害が高度のもののうち，拡大鏡等の使
用によっても通常の文字，図形等の視覚による認識が不可能又は著しく
困難な程度のもの」と規定されている（学校教育法施行令第22条の
3）。教育上は両眼の矯正視力が問題となり，両眼の矯正視力が0.3未満
では黒板や教科書の文字・図等を見るのに支障をきたし，教育上特別な
取り扱いが必要となる。

c）視機能（視覚機能）とその障害

■視機能

　①視力，②視野，③光覚，④色覚，⑤両眼視，⑥調節，⑦屈折等からなる。学校教育で特に重要なのは視力，視野，光覚である。①視力は物体の形状を見分ける能力である。通常，ランドルト環を指標とする標準視力表で測定する。標準視力表の指標は視力0.1〜2.0である。0.1未満は0.1の指標が見える所（距離 xm）まで近づいて$0.1 \times (x \div 5\,\mathrm{m})$ の式で算出する。算出困難な場合，視力の高い順に指数弁，手動弁，光覚弁，全盲に分類される。②視野は眼を動かさないで見ることができる範囲である。正常視野は上側と鼻側が60度，耳側100度，下側70度である。③光覚は光を感じ，その強さを判別する機能である。

■視機能の障害

　学校教育で特に問題になるのは，①視力障害，②視野障害，③暗順応障害（光覚障害の一種，筆者による）である（香川，2016）。①視力障害は屈折異常や調節障害等で視力が低下している状態である（近視，遠視，乱視）。光は角膜と水晶体を通過時に屈折する（角膜で約７割，水晶体で約３割）が，屈折異常では光が網膜上にきちんと結像しない。水晶体の厚みを変えて屈折力を調節する機能の障害（調節障害）も視力に支障を起こす。②視野障害は視野が狭くなった状態である。視野狭窄，暗点，半盲に大別できる。視野狭窄は一度に広い範囲を見るのが困難になる。暗点は視野の一部が見えなくなる状態で，中心部にある場合を中心暗点という。半盲は視覚伝導路の障害により視野の右半分や左半分が見えにくくなる。③暗順応障害は明所から暗所へ入った時の眼の明るさへの順応の障害（夜盲）である。

d）視覚障害の原因となる主な疾患

　全国の視覚特別支援学校67校（幼児児童生徒3,001名中，2,951名の回

答）では，未熟児網膜症が最も多く（543名，18.40％），以下，網膜色素変性症（446名，15.11％），視神経萎縮並びに小眼球・虹彩欠損（それぞれ321名，10.88％），緑内障（182名，6.17％），視中枢障害（120名，4.07％）である（柿澤，2016）。**表3-1**で主な眼疾患を説明した。

e）視覚障害の分類

盲と弱視に分類される。学校教育では**表3-2**の通り定義される。

表3-1　主な眼疾患

未熟児網膜症	網膜血管が未熟な時期に生まれた胎児においては出生後，未熟な網膜血管の先端から新たな網膜血管が発達するが，硝子体の方へ延びたり切れて出血したりする等の異常が生じる場合，網膜が剥離して視力や視野に障害が生じる。
網膜色素変性症	遺伝子の変化による視細胞の変性や減少によって網膜の機能が低下していく進行性疾患。病変は杆体に最初は起こり，視野狭窄になり夜盲が生じる。やがて，錐体にも起こり視力も低下していく。
視神経萎縮	網膜，視神経の病変あるいは原因不明で生じる。視力低下および視野障害が起こる。
小眼球症・虹彩欠損	小眼球症は先天的に眼球が極端に小さく，虹彩欠損を伴う場合もある。軽度の小眼球は強度の屈折異常を伴い，重度では光覚弁や全盲になる場合がある。先天性の虹彩欠損は光量を調節できないため，まぶしさを強く感じ，見づらくなる（羞明）。
緑内障	眼圧が異常に高くなり，視神経の萎縮が生じる。眼圧が正常でなる場合もある。視野の障害が見られ，マリオット盲点（目の構造上存在する，視野の中にある唯一見えない部分）付近と周辺部から徐々に見えなくなっていく。その結果，視力も低下していく。

表3-2　学校教育における視覚障害の定義

盲	点字を常用し，主として聴覚や触覚を活用した学習を行う必要がある状態。光もまったく感じない視力0から視力0.02程度まで含まれる。
弱視	視力0.3未満で，普通の文字（墨字）を用いた学習が可能であるが，文字の拡大や拡大鏡の使用等の特別な配慮が必要である状態。視力0.02程度〜0.3未満が含まれる。

（河合（2011）「視覚障害」．『特別支援教育［改訂版］—理解と推進のために』福村出版および佐島毅・福田奏子（2019）．「視覚障害」．『特別支援教育第3版　一人一人の教育的ニーズに応じて』福村出版，を基に作成）

　点字と墨字の境界の視力は0.02と言われるが，視覚補助具の活用等で0.02よりも低視力でも墨字で学習する子供がいる一方で，0.02より高くても視野の状況により点字を常用する子供もいる（全国盲学校長会，2018）。また，視覚特別支援学校には弱視児も多数在籍する。盲は心理学的観点から視覚的経験の記憶の有無を基準にして記憶の無い者は先天盲，有る者は後天盲と分類される。一般に 3 〜 5 歳以前の失明では視覚的経験の記憶は残っていない（佐藤，1988）。

（2）視覚障害児の発達・心理特性

　視覚障害児の状態は眼疾患，種類や程度，見え方，障害を受けた時期，生育教育歴，環境等により個々で異なる。このことに留意した上で一般的な発達・心理特性を述べる。なお，後天盲は重要であるが割愛する。

a）視覚障害児の発達に影響する要因

　視覚障害自体は発達の決定的な阻害要因ではなく，発達に遅れの無い盲児もいる（例えば，ゲゼル，1983）が，視覚障害は発達に強い影響を及ぼす。五十嵐（1991）は発達に影響を及ぼす 2 次的要因（①行動の制限，②視覚的情報入手の制限，③視覚的模倣の困難，④視覚障害児に対する周囲の態度）を挙げ，適切で意図的な環境やかかわりの重要性を述べている。

　①行動の制限は，視覚障害乳幼児の外界への興味・関心を持ちにくくし，運動発達や身体発育，概念形成等，さまざまな側面に影響を及ぼす。例えば，盲乳児の愛着行動に影響を及ぼし，盲乳児の微笑反応は晴眼児より少なく，また，人見知りの発現期が遅れる。

　②視覚的情報入手の制限は，例えば，乳幼児が視覚的情報から具体的な概念形成をすることを困難にし，知識の全体量を少なくしたり，偏っ

た知識や誤った知識を身に付けさせてしまったりする場合がある。また例えば，乳児では生後 5 か月頃から玩具等の視覚的刺激に誘発されて手を伸ばす行動（リーチング）が現れるが，盲乳児ではその発現が遅れ，音刺激に誘発されて生後10か月頃に現れる。

③視覚的模倣の困難は，「見て会得する」ことを困難にし，学習に大きな支障をもたらす。例えば，晴眼児が自然に身につける動作を視覚障害児は手とり足とり丁寧に教えることが必要となる。

④視覚障害児に対する周囲の態度は，特に養育者の育児態度の影響が大きい。例えば，養育者が人目を気にせず，弱視児が目を近づけてじっくり見る行動（「目で触る」と言われる）を保障する態度が弱視児の意欲や自己肯定感を育む上で重要である（①〜④は青柳・鳥山（2017）および全国盲学校長会（2018）を基に作成）。

ｂ）盲児の発達・心理特性

■言語発達

晴眼児と同等に発達しているように見える場合があるが，単語の意味が制限されていたり誤っていたりする場合がよくある（青柳・鳥山，2017）。例えば，魚の概念がお刺身であり，お刺身が泳いでいると思っているような例は珍しくない（佐島，2015）。これは実際の経験が乏しいことに由来し，盲児には聞き覚えた言葉をその意味を十分に理解しないまま使用する傾向（バーバリズム）が目立つ。

■知的発達

晴眼児とほとんど変わらないと言われる。しかし，触覚で情報を得る場合，部分的に時間をかけて物を認知することになり，全体像の把握が困難であったり，触ることができないものの認知が困難であったりする（**表 3 - 3**）。

表 3 - 3　概念や具体的なイメージが作りにくいもの

①大きすぎたり小さすぎたりして触覚的観察ができないもの。②遠方にあって近づけないもの。③触ると危険なものや壊れてしまうもの。④気体の状態のもの。⑤動きのあるもの（ひらひら舞う落ち葉等）。⑥複雑すぎるもの（設計図等）。⑦立体を平面的に表したもの（見取り図等）。⑧色や光の情報。⑨運動・動作を伴うもの（ボールを投げるフォーム等）。

（香川邦生（2016）.『視覚障害教育に携わる方のために　5 訂版』慶應義塾大学出版会を基に作成）

■運動発達と身体発育

　①盲乳幼児の運動発達は，一人で座るが平均 8 か月，一人歩きが20か月と遅れる。手の機能の発達も遅れる場合が多く，掌握機能（掴む，摘まむ，握る等）と操作機能（叩く，押す，押さえる，引く，はめる，回す，なぞる，積む等）では後者の発達の遅れが目立つ。視覚障害幼児は走力・投力・跳力および平衡性・敏捷性・巧緻性・姿勢調整能力の発達に遅れを示す場合が多く，筋力・筋持久力・瞬発力は学齢以降に遅れを示す場合が多い（以上，五十嵐，1991）。

　②視覚障害幼児の身体発育は，身長，体重，胸囲，座高ともに晴眼児と差が無いが，学齢期に遅れを示し年齢が進むにつれて差は開く（以上，五十嵐，1991）。

　③目を押す，眼前で手を振る，頭を振る，身体を揺する，同じ場所でぐるぐる回る等の反復性の行動（ブラインディズム）を示す場合がある。刺激不足を補うための自己刺激行動と考えられ，成長とともに多くは見られなくなる。

c) 弱視児の心理・行動特性

■弱視児の見え方

　視経験が不足したり，晴眼児が見えるものが見えなかったり，ぼんやりとして見えなかったりする（佐藤，1988）。個人差があるが，**表 3 - 4**

に弱視児の見え方の特徴を示した。

　表3−4内の①〜⑨は，具体的には，①形の似た文字を混同する，②目の前の建物の形がわからない，③地図帳の文字と地図全体の形を同時に見ることが難しい，④床と階段の境目がわからない，⑤奥行きがわからない，⑥飛んでいるボールの動きが追えない，⑦雲や山がよく見えない，⑧知人の顔でもパッと見て誰か判別できない，⑨紙をハサミで線に沿って切るのが苦手である等である。

表3−4　弱視児における見え方の特徴

①細かい部分がよくわからない。②大きいものの全体把握が困難である。③全体と部分を同時に把握することが難しい。④境界がはっきりしない。⑤立体感に欠ける。⑥運動知覚の困難なものが多い。⑦遠くの物がよく見えない。⑧知覚の速度が遅い。⑨目と手の協応動作が悪い。

（佐藤泰正（1988）.「序論」.『視覚障害児心理学』学芸図書を基に作成）

■弱視児の見えにくさ

　低視力に加えて，表3−5に示すような症状を1つ以上もつため，見えにくさの個人差が大きい（大内，2013）。

■弱視児の行動特徴

　表3−6に示すような特徴がある。ただし，一人の弱視児が行動特徴すべてを有する訳ではない。

　表3−6内の「⑧目を物に著しく接近させて見る」は，対象物を拡大して見ようとする行動（P.54の④参照）である。偏心視（表3−5）とともに弱視児の適応行動として理解できる。

表 3-5　弱視児の見えにくさの症状

【症状】／眼疾患	［状態］／対応例
【ピンボケ状態】／小眼球・未熟児網膜症等	［屈折異常のため網膜に像が鮮明に結ばれない。カメラのピントが合っていないような状態。矯正は難しくピンボケ状態で見ている者は多い］／文字の拡大等
【混濁状態】／小眼球・虹彩欠損・未熟児網膜症等	［透光体混濁のため眼球の中で光が乱反射して奇麗な映像が網膜に達しない。すりガラスを通して見ているような状態。羞明が多い］／羞明の軽減に遮光眼鏡。白黒反転
【暗幕不良状態】／小眼球，虹彩欠損，白子症等	［眼球内を暗室状態に保てないために映像が奇麗に見えない状態］／羞明の軽減に遮光眼鏡。白黒反転
【光源不足状態】／網膜色素変性症等	［夜盲の状態］／夜間の歩行に注意
【振とう状態】／白子症等	［眼球の不随意な動き（眼振）により網膜像が常に動いていて見えにくくする］
【視野狭窄】／網膜色素変性症・視神経萎縮・緑内障等	［P.51の「視機能の障害」を参照］／歩行の際，障害物に注意
【中心暗点】／黄斑変性・視神経萎縮等	［P.51の「視機能の障害」を参照］／視線をずらして周辺の視野を使って見る行動（偏心視）を周囲が理解する

（青柳まゆみ・鳥山由子（2017）.『視覚障害教育入門―改訂新版―』ジアース教育新社．および佐島毅・福田奏子（2019）.「視覚障害」.『特別支援教育第3版　一人一人の教育的ニーズに応じて』福村出版，を基に作成）

表 3-6　弱視児の行動特徴

①一歩一歩注意深く歩く。②目的物に手がうまく届かなかったり，目的物の所へ歩いて行っても手をつき間違う。③遊びや作業の最中，物につまずく。④遠くの物を見ていて急に近くの物を見ることが必要な遊びに困難を感じる。⑤ときどき目をしばたたく。一方の目を閉じるか覆ったりする。頭を一方の側に傾ける。⑥目をよく擦る。目の前で手を払うような行為をする。⑦目を使うとき，顔をしかめる。目の上を手で覆う。⑧目を物に著しく接近させて見る。⑨黒板，図表，地図等を見るのに困難な様子を見せる。⑩明るい所ではまぶしそうにする。

（佐藤泰正（1988）.「序論」.『視覚障害児心理学』学芸図書を基に作成）

（3）視覚障害児の支援─学校における支援を中心に─

a）視覚障害児の指導上の基本方針

　特別支援学校（視覚障害），小・中学校弱視特別支援学級，小・中・高等学校弱視通級指導教室では，教科等の指導の他に視覚障害に応じた自立活動の指導をする。その内容は盲児では触覚の活用，文字処理，歩行・日常生活動作，弱視児では視知覚向上，視覚補助具の活用等である。指導の原則として，盲児・弱視児ともに保有する感覚を活用した実体験に基づいた指導および体験と言葉の結び付け，また，弱視児では文字拡大や照明環境の調整等の配慮下の指導が重要である（佐島・福田，2019）。

b）盲児に対する教育支援

　触覚の活用，文字処理（点字指導），歩行指導等の観点から述べる。

■触覚の活用

　言語発達や知的発達等を促す上で視覚以外の感覚を使った実体験が重要である。触覚，中でも手指による触知覚の役割は大きい。指先で2つの離れた点を2点として知覚できる最小距離（触覚2点弁別閾）は晴眼者2mm程度，全盲者1.4mm程度であるが，測定時，全盲者は指を細かく動かす傾向がある。この動きを停止させると晴眼者と閾値の差は無くなる。積極的に指を動かすことが有効であり，手指を能動的に動かすことによって成立する能動的触知覚は，物体の形の認識の際にも，静止した手指に刺激を当てるような受動的触知覚より優れた触察（触ることによる観察）であり，能動的触知覚に基づく系統的な触察の指導が重要となる（全国盲学校長会，2018）。指導においては上手な触察のポイント（**表3-7**）の習得や視覚以外の感覚を使って外界情報を得るための質の高い体験（**表3-8**）を重視する。

　表3-7内の「③基準点を作って触る」とは，例えば青柳（1981）で

は，生きた動物を生徒に触察させる場合，教師が動物の左側に立った生徒の左手（右利きの場合）を頭部（基準点）に置いて，それが頭であることを教える。続いて生徒は右手で動物の背中をなぞって側面から外形を理解する。ついで正面から両手を使って頭部を対称的に触察する。胸から前脚へ両手が伸びる。この手順でその動物の外形を捉えさせている。

表3-8内の「①核になる体験」とは，例えば鳥山（2011）では，魚なら，魚の基本的な形といえるアジ等を手に取って頭から尾まで，部分と全体を繰り返し触って，各部分の位置，形と役割を確認する。基本形を理解できればカレイのような変わった形の魚でも，内臓の位置等で，すぐに腹がどちらかわかるようになると述べている。

■点字指導

点字は縦約6mm，横約3.5mmの長方形の中の高さ0.4mm前後の点1～6個（縦3点横2列の6点1マス）の組み合わせで，仮名，数字，アルファベット，文章記号，数学・理科の記号，楽譜等を表す。読みと

表3-7　上手な触察のポイント

①両手を使って触る。②隅々までまんべんなく触る。③基準点を作って触る。④全体→部分→また全体と繰り返し触る。⑤触圧をコントロールして触る。⑥温度や感触を意識して触る。

（青柳まゆみ・鳥山由子（2017）．『視覚障害教育入門―改訂新版―』ジアース教育新社を基に作成）

表3-8　質の高い体験

①核になる体験（体験したことを基にして，その体験の枠組みから新たな情報を理解することができるような基本となる体験）。②全体を通した体験（一連の作業の最初から最後まで全体を通して体験して理解すること）。③身体全体を使った能動的な体験（5感を使って体験することで空間の広がりを体感する・観察したものの姿勢や動作を身体全体で表現して確かめる・玩具や模型を手で動かして姿勢や動きを再現して学ぶ等）。④音を手掛かりとした体験（音を手掛かりとして環境を把握する体験等）。

（青柳まゆみ・鳥山由子（2017）．『視覚障害教育入門―改訂新版―』ジアース教育新社を基に作成）

書きの指導は小学校入学後始まる。一般に，読みから始め，ある程度の習熟後，書きの指導を行う。点字は横書きで左から右へ読む。点字を書く道具に点字タイプライターと点字盤がある。点字学習導入期は操作が比較的容易な前者を使用することが有効である。

■歩行指導

　視覚障害者の歩行はオリエンテーション・モビリティ（環境認知と歩行運動）と呼ばれる。歩行指導ではこの2側面が統一された行動の仕組みを形成して，「一人で安全に能率よく目的地に行って目的を達成」（佐島・福田，2019）できるようにする。「身近な狭い空間から危険度の高い広い空間へ」の原則下，学校では，手引き歩行→室内移動時の伝い歩き→白杖の導入と操作法→学校近隣の住宅街の歩行→交通機関の利用→混雑時の移動と援助依頼の順に指導を進める。

■教材・教具の活用

　教科等の学習においては視覚以外の感覚に対応した教材・教具（**表3-9**）を活用することが重要である。

c）弱視児に対する教育支援

　視知覚活用，見えやすい環境，視覚補助具の活用の観点から述べる。

■視知覚活用

　一人一人の弱視児の見え方や見え難さの違いを踏まえ，残存視力等の視機能を最大限に活用できるよう指導する。香川（2016）は，弱視児の外界を認知する能力には，①見えても見えずの段階，②見る能力相応に見ることができる段階，③見えないものまで見ることができる段階の3

表3-9　触覚と聴覚の活用に対応した教材・教具

①各種の点字図書や録音テープ，読み上げソフト。②実物・模型・標本。③立体地図，立体地球儀等。④点字教科書。⑤レーズライター（ボールペンで描くと線が浮き上がる）。⑥各種盲人用計測器（そろばん，ぶんまわし，定規等）。⑦立体コピー機，3Dプリンター，⑧感光器（光の明暗を音の変化で表す）等。

（佐島毅・福田奏子（2019）.「視覚障害」.『特別支援教育第3版　一人一人の教育的ニーズに応じて』福村出版を基に作成）

段階があるとしている。①は見えて当然の視機能であるのに見えない・見ようとする意欲が感じられない段階であり，見る楽しさをさまざまな活動を通して体験させることを通して②に進め，さらに明確に見えなくとも過去の経験から確かな予測を働かせて見る段階（③）にまで伸ばす指導が重要であると述べている。

■見えやすい環境

　教科等の学習を始め学校生活において一人一人の弱視児に応じた見えやすい環境（**表 3 -10**）を整備することも重要である。

■視覚補助具の活用

　弱視レンズは使いこなす技術が必要であり，早期からの段階的で継続的な指導が重要である（青柳・鳥山，2017）。

表 3 -10　見えやすい環境

網膜像の拡大	拡大コピー・拡大教科書，弱視レンズ（近用弱視レンズ（ルーペ），遠用弱視レンズ（単眼鏡）），拡大読書器，タブレット型情報端末を活用する。
単純化とノイズの除去	地図等の一つの画面に多くの情報が書き込まれたものを単純に書き改める，書き込む情報を必要最小限にする。
図と地のコントラストの増強	図と地の区別をはっきりさせる。
色彩への配慮（色彩への反応が弱い弱視児が多い）	同系色で彩度の低い色同士を隣り合わせに用いない，同系色を用いる場合は 2 度以上の明度差をつける，色と色の境界に輪郭線を入れる。
照明のコントロール	適切な明るさを保つ，遮光眼鏡を使用する，全体照明と机上照明を有効活用する。
疲労しない学習環境の整備	高さ等の適切な机，書見台，傾斜机，ブラインドやカーテンを活用する。
適切な学用品の選定	枡目が大きく罫線が太いノート等，見易い物を選定する。

（香川邦生（2016）．『視覚障害教育に携わる方のために　 5 訂版』慶應義塾大学出版会を基に作成）

2．聴覚障害児・者の理解と支援

（1）聴覚障害の概要

a）聴覚障害の定義

　聴覚障害とは身の周りの音や話し言葉が聞こえにくかったり，ほとんど聞こえていなかったりする状態をいう（文部科学省，2013）。聴覚障害の状態は聴覚障害の原因や聴覚障害になった時期，障害を受けた部位等によって異なり，個人差が大きい。

b）聴覚器官の構造

　聴覚器管は外耳（耳介，外耳道，鼓膜），中耳（鼓室，耳小骨，耳管），内耳（蝸牛，前庭，三半規管），後迷路（聴神経〈蝸牛神経〉，聴覚中枢）から構成される（図3-2）。これらは音の振動を伝える伝音系（外耳，中耳）と，振動を電気信号に変換して聴覚中枢に伝える感音系（内耳，後迷路）に分けられる。

c）音を聴く仕組み

　空気の振動（音）は耳介で集音されて外耳道を通って鼓膜に達し鼓膜を振動させる。鼓膜の振動は鼓膜に繋がる耳小骨連鎖（つち骨→きぬた骨→あぶみ骨の順にテコの作用）で増幅されて内耳へ伝わる（あぶみ骨が蝸牛のリンパ液を振動させる）。音が内耳に伝わる経路には上記の外耳→中耳→内耳の気導と，頭蓋の振動が直接内耳に伝わる骨導がある。蝸牛はリンパ液に満たされた管で，内部は有毛細胞（聴神経の末端の神経）が並び，気導または骨導によってリンパ液が振動すると，その振動を有毛細胞が感知して（蝸牛の入り口側では高い音を，奥側では低い音を感知する）電気信号に変換し，その電気信号が聴神経を経由して大脳聴覚中枢へと伝達・処理され，意味のある音として認知される。

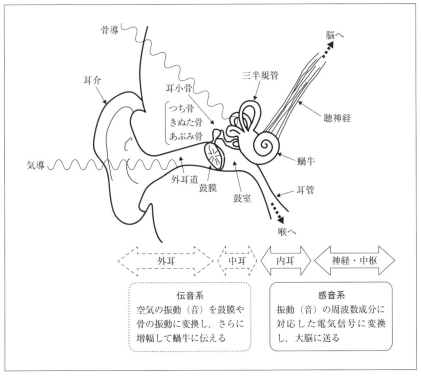

図3-2　聴覚器官の構造・役割と音の伝わる経路
（林安紀子（2012）．「聴覚に関する制約と支援」，橋本・菅野・林他編著『改訂新版
障害児者の理解と教育・支援』金子書房，49-57．より転載）

d）聴覚障害の種類と原因

■障害部位による分類と原因

　①伝音性難聴，②感音性難聴，③混合性難聴に分類される。①伝音性
難聴は音を振動させて内耳に伝える部位（伝音系）の障害であり，音が
小さく聞こえる。聴力損失の程度は軽度から中等度である。医学的治療
が有効な場合が多い。感音系に障害が無いため，音を大きくして内耳に

伝えることで聞こえは改善し易く補聴器も有効な場合が多い。②感音性難聴は音の振動を電気信号に変換して聴神経を介して聴覚中枢に伝える部位（感音系）の障害であり，単に音が小さく聞こえるだけでなく歪んで聞こえる場合が多い。聴力損失の程度は軽度から重度に及ぶ。医学的治療の効果に限界がある。また，補聴器の効果は個人差が大きく有効でない場合もある。よって，音声言語，手話等，一人一人に応じたコミュニケーション手段の選択を行う必要がある。近年，蝸牛の有毛細胞の損傷が原因の高度感音性難聴において，損傷した有毛細胞の代替として電極を蝸牛内に挿入し，聴神経に直接電気信号を送る人工内耳の手術を受ける例が増えている。③混合性難聴は伝音系にも感音系にも障害がある場合である。**表3-11**に聴覚障害の原因を示した。

■障害の発生時期による分類

　①先天性難聴と②後天性難聴に分類される。①は音声言語の自然な獲得を困難にする。②も音声言語獲得前の失聴は前者と同様である。②のうち言語獲得後の失聴を中途失聴という。

■感音性難聴の聞こえ方の特徴

　感音性難聴はその多くを占める①内耳性障害と，②後迷路性障害に分けられる。①内耳性障害の特徴としてリクルートメント現象（補充現象）と語音の聞き取りの困難さがある。前者は音の強さが少し増加しただけで急激に大きい音になったと感じる現象で，例えば，教室で他児が椅子を動かしただけでうるさく感じたり教師の声が聞こえなくなったりする。後者は例えば「魚（サカナ）」を「アアナ（意味不明）」「高菜（タ

表3-11　聴覚障害の原因

伝音性難聴	先天性外耳道閉鎖症等の奇形，耳垢栓塞，滲出性中耳炎等
感音性難聴	[**先天性**] 遺伝性難聴（アッシャー症候群等），胎生期難聴（風疹等の母体の感染，ストレプトマイシン等の薬剤等），周産期難聴（仮死，低出生体重等） [**後天性**] 感染（細菌性髄膜炎等），突発性難聴，騒音性難聴，頭部外傷，薬物障害（ストレプトマイシン等），加齢性難聴等

カナ)」等に聞き誤ることがある。一般に感音性難聴の場合，オージオグラムは高周波数の聴力が低下する形を示す（高い音の成分が聞き取りにくい）が，子音は母音に比べ時間的に短くエネルギーも小さく高周波数成分が多いため聞き取りが困難である（林，2012）。発音についても，自分自身の発音の聞き取りも困難なため，特に子音は不明瞭になりやすい。②後迷路性障害は小さな音も聞こえるが，何の音であるかわからなかったり，話し言葉の聞き分けが難しかったりする。

e）聴力検査と聴覚障害の程度

■聞こえの程度（聴力レベル）の測定

　オージオメータを用いて，聞き取れる最も小さな音の強さ（最小可聴値）を測定して求める。測定結果を示すオージオグラム（図3-3）の聴力レベルは音の強さを示す（単位 dB：デシベル）。周波数（音波の1

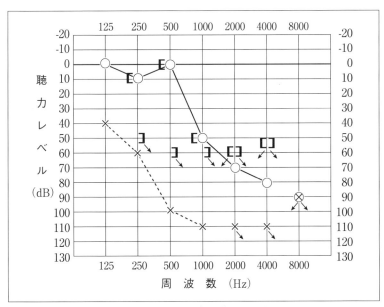

図3-3　オージオグラムの例
（林安紀子（2006）．「聴覚障害児の心理・行動特性と支援」，橋本・霜田・林他編著『特別支援教育の基礎知識—障害児のアセスメントと支援，コーディネートのために—』明治図書出版，58-71．より転載）

秒間の振動回数）は音の高さを示す（単位 Hz：ヘルツ）。オージオグラムは音の高さ（周波数）ごとの最小可聴値を表している。耳の感度が最も良い20歳頃の人の最小可聴値を 0 dB と決め（永渕，1997），dB 値が大きいほど聞こえにくいことを意味する。一般的な純音聴力検査では125〜8000Hz の間の 7 周波数の聴力レベルを測定する。右耳は○印，左耳は×印で気導聴力を示す。骨導聴力検査は250〜4000Hz の間の 5 周波数の聴力レベルを測定する。右耳は［，左耳は］で示す。気導聴力と骨導聴力を測定することで，オージオグラムから障害部位が伝音系か感音系か識別できる（伝音性難聴では気導聴力は正常値を割り，骨導聴力は正常値となる）。

■聴覚障害の程度区分

　聴覚障害の程度は平均聴力レベルで示される。これは一般に，会話の主音域である500Hz，1000Hz，2000Hz の各値を a, b, c として，(a＋2b＋c)÷4 で算出される。例えば日本学校保健会（2004）では正常（20dB以下），軽度難聴（21〜40dB），中等度難聴（41〜70dB），高度難聴（71〜100dB），重度難聴（101dB 以上），聾（まったく聞こえない）としている。他方で，日本聴覚医学会難聴対策委員会（2014）の区分では**表 3－12**の通りである（500Hz，1000Hz，2000Hz，4000Hz の聴力の平均）。聴覚障害の程度区分には統一された基準はなく，国や機関，法律等に

表 3 -12　日本聴覚医学会難聴対策委員会（2014）による聴覚障害の程度区分と聞こえの状態

聴覚障害の程度	平均聴力レベル	聞こえの状態
軽度難聴	25dB 以上〜40dB 未満	小さな声や騒音下での会話の聞き間違いや聞き取りが困難。
中等度難聴	40dB 以上〜70dB 未満	普通の大きさの声の会話の聞き間違いや聞き取りが困難。
高度難聴	70dB 以上〜90dB 未満	非常に大きい声か補聴器を用いないと会話が聞こえない。
重度難聴	90dB 以上	補聴器でも聞き取れないことが多い。

よって異なる。

ｆ）早期発見・早期療育と補聴システム

　先天性難聴の出現頻度は1,000人に１～２人である。難聴の発見・療育の遅れは言語発達をはじめ認知や社会性の発達等の問題に繋がる。早期に発見し，早期に適切な療育に繋げることが重要である。

■新生児聴覚スクリーニング検査

　軽度～重度の先天性難聴の早期発見を目的とする。検査方法はAABR（自動聴性脳幹反応）とOAE（耳音響放射）の２種がある。AABRは音に対する脳波の反応，OAEは音に対する内耳の反応（耳音響放射）に基づく検査である。新生児聴覚スクリーニング検査は通常，産後３日以内に出産した病院で行われるか，もしくは１か月健診で行う場合もある。おそくとも，生後６か月頃までに療育を開始し，言語発達が急速に進む生後２，３年間（敏感期）の言語獲得支援に繋げる。このスクリーニング検査を受けない場合，２～３歳になるまで診断されない例もある。また，軽・中等度難聴はある程度聞こえるため，周囲の気づきが遅れることも少なくなく，ずっと遅れて学校検診で初めて発見される場合もある（沖津，2016）。

■補聴器

　アナログ式とデジタル式があるが，後者が主流になってきている。聴力は低周波数よりも高周波数が障害されている場合が普通であるため，すべての周波数を等しく増幅するアナログ補聴器よりも，特定の周波数を増幅できるデジタル補聴器が役立つ場合が多い。ただし，補聴器の効果は個人差が大きい。

■人工内耳

　小児の適応基準は原則１歳以上，90dB以上で補聴器の効果が十分ではない高度難聴等である（詳細は日本耳鼻咽喉科学会ホームページを参

照）。術後の聴力レベルは30〜40dB（軽度難聴レベル）ぐらいとなる。しかし，先天性難聴児が音声言語として聞き取れるようになるためには長期間の学習が必要であり，また，その聞き取りは個人差が大きい（Marschark&Hauser, 2012）。

■補聴援助システム

補聴器も人工内耳も1対1の対面での会話や静かな場所では有効な場合が多いが，周囲が騒がしかったり話し手との距離が離れていたりする場所では聞き取りにくくなる。これを改善する補聴援助システムとしてFM補聴器と新技術のデジタルワイヤレス補聴援助システム（ロジャー）がある。両者ともに話し手がマイクロホン（送信機）を使用し，前者はFM電波，後者は無線LANで，補聴器／人工内耳に送信する。

■留意事項

補聴器や人工内耳を装用しても難聴児は健聴児と同じようには聞こえず，学校等の集団生活で健聴児では経験しないさまざまな困難がある（日本学校保健会，2004；鶴岡ら，2013）ことに留意する。

（2）先天性感音性難聴児の発達・心理特性

（2）および（3）では，聴力損失の程度が重い先天性の感音性難聴児を中心的対象にして述べる。

a）先天性感音性難聴児の発達・心理特性

■言語発達

音声言語（日本語）と手話（日本手話）を区別して述べる。

音声言語（日本語）の場合：

健聴児のように自然に音声言語を習得することは困難である。高度難聴児も生後半年位までは健聴児と同じ位に頻繁に発声しているが，それ以降は発声頻度が少なくなる等，初期段階から健聴児との音声言語発達

の遅れが見られ，特に助詞の使用等の文法習得は学齢期以降も不完全な場合が少なくない（林，2012）。また，新生児聴覚スクリーニング後の早期療育と人工内耳装用によっても，健聴児より言語発達において遅れる傾向がある（Marschark&Hauser, 2012）。

　他方で，新生児聴覚スクリーニングによる早期発見後，補聴器装用による早期からの聴覚活用，続いて 2 ～ 3 歳時点での人工内耳手術を受けた高度難聴児 4 名（知的および聴能に遅れは無い）の場合，就学時点での（幼児期における）言語発達は年齢並みで語音明瞭度および発話明瞭度も高く良好であったとの報告（福田ら，2007）もある。

手話（日本手話）の場合：

　手話は「聾者によって用いられる，手の形・動き・位置等によって意味を伝える言語。非手指動作と呼ばれる顔の表情やあごの動き等が文法的機能を持つ」（新村出，2008）。手話は固有の語彙と文法を備えた言語であり，日本語とは異なる。また，日本語対応手話（日本語の語順・文法と同じ）とも区別される。以下，乳幼児期から手話が第一言語（母語）として獲得される場合を述べる。

　聴覚障害の親を持つ聴覚障害児は，生後，視覚的な自然言語（手話）によって言語に十分に触れることができ，早期から健聴児の音声言語発達と同じ順番・速度で言語発達のさまざまなマイルストーンを通過する（Marschark&Hauser, 2012）。例えば，手話喃語の存在・出現時期（生後 6 か月前後），手話初語の出現時期（生後12か月頃）等が音声言語の発達時期と類似している（四日市ら，2018）。しかし，先天性聴覚障害児の90％以上は健聴の両親（音声言語話者）の下に生まれるため，多くの場合，自然な手話発達の基盤となる言語環境にないことが問題である（林，2012）。

■認知発達・特性

　Marschark&Hauser（2012）と Marschark（2018）を参考にして述べる。聴覚障害児と健聴児の知的能力は本質的に同等であり，聴覚障害そのものが知的能力に直接影響を与えるものではない（適切な知能検査を用いると成績は同程度となる）。しかし，両者には次の二つの条件（ⅰ，ⅱ）による認知能力の違いがある。

　条件（ⅰ）は，聴覚障害児は視覚により大きく依存し，そのことから健聴児とは異なる経験をし，脳は異なる発達をするということである。例えば，両者の視覚的能力は同じであるが，聴覚障害児は聴覚の障害への脳の適応として健聴児と比べて周囲の目に映るものによく注意することができる。具体的には，周辺視野に何かが現れたりそれらが動いたりすると健聴者よりも早く気付き，しかも視覚的注意を中心視野に戻すのも早い（ただし，注意散漫に繋がりやすくもする）。

　条件（ⅱ）は，第一言語（母語）として獲得された言語の様式の違いおよびその流暢性の程度が認知発達や認知能力に影響を与えるということである。例えば，聴覚障害者と健聴者の記憶容量は等しいが，手話言語が流暢な聴覚障害者は視空間記憶に，健聴者や口話の聴覚障害者は系列記憶に優れている。また例えば，聴覚障害児は健聴児より心の理論の発達が遅れている場合が多いが，聴覚障害のある親と手話言語でコミュニケーションする聴覚障害児，そして，健聴の親と効果的に音声言語あるいは手話言語でコミュニケーションする聴覚障害児は，健聴児と同等あるいは近い年齢で心の理論を獲得していたとの知見が見出されている。

■学力と読み書き（リテラシー）能力の発達

　学力に関しては，例外はあるものの，国語，算数等の成績は低い傾向にある。小学校3，4年生段階（教科の内容が具体的内容から抽象的内

容へと移行する段階）で停滞する場合（9歳の壁）もある。読み書き能力に関しても，例外はあるものの，語彙の発達は遅れ，名詞や動詞のうち具体的な意味を有する語彙の獲得は容易である一方で，抽象的語彙や形容詞，副詞の獲得は困難であり，また，助詞，文法，文章理解に困難を示す傾向にある（鄭，2007）。読み書きの不十分さは卒後の職業生活の困難に繋がる（中島，2017）。人工内耳は学業成績の向上に貢献している（Marschark&Hauser, 2012）が，なお健聴児と比べて国語学力（読み書き）は低位の傾向が見られ（白井ら，2018），その傾向は小学生に比べて中学生で増加する（斉藤，2014）。諸外国でも中等教育段階にある人工内耳装用児では学年相応の読み書き学力を示すものが少ないこと，小学校時と比べて高校時では言語力のばらつきが顕在化することが報告されている（斉藤，2017）。

■社会性の発達

　通常の学校の教室で疎外感や孤独を感じたり，家族が談笑している時に話の内容がわからず疎外感を感じたりする場合が多くある（Marschark&Hauser, 2012）。人工内耳装用児は補聴器装用児と比べると社会性や情緒的な困難を経験していないと報告される（Marschark&Hauser, 2012）。その一方で，小学校高学年や中学生になるとクラスメイトとの会話や授業中のやり取りがつかめず疎外感を感じたり，人間関係やアイデンティティに悩んで不登校になったりして，特別支援学校に転校するケースも報告されている（佐藤ら，2011）。通常の学校が聴覚障害児の安心できる居場所となるよう情報保障等の合理的配慮が重要である（木島，2012）。また，聴覚障害児の社会性の発達において聴覚障害児同士の交流が重要であり（Marschark&Hauser, 2012），また，ロールモデルとなる聴覚障害のある先輩や教師等のかかわりが肯定的な自己像やアイデンティティの獲得に重要である（米川，2002）。

（3） 先天性の感音性難聴児の支援

a） 聴覚障害児の教育の場

　聴覚障害児の学校教育の場として，特別支援学校（聴覚障害），小・中学校の難聴特別支援学級，通常の学級（通級による指導を受ける場合と受けない場合）がある。**表3-13**はそれら場ごとの聴覚障害児童生徒数である。**表3-14**は学校教育法施行令第22条の3（特別支援学校の就学基準）に該当している小・中学校在籍聴覚障害児童生徒数である。ここから通常の小・中学校で高度～重度難聴児が教育を受けていることがわかる。また，平成14年（2002年）5月時点で，小学校の12％（2,858名），中学校の14％（1,478名）に補聴器あるいは人工内耳装用の高度ないし重度の難聴児が在籍している（日本学校保健会，2004）。人工内耳や補聴器の進歩，インクルーシブ教育の普及等から，今後も高度・重度難聴児のこうした傾向は続くと予想される。

表3-13　特別支援教育の場における在籍児童生徒数（平成29年5月1日現在）

特別支援学校在籍者数	8,269人（単一障害4,805人，重複障害3,464人）
難聴特別支援学級在籍者数	1,712人（小学校1,242人，中学校470人）
通級指導教室通級児童生徒数	2,196人（小学校1,750人，中学校446人）

（文部科学省（2018）．『特別支援教育資料（平成29年度版）』より転載）

表3-14　公立小・中学校に在籍する学校教育法施行令第22条の3（特別支援学校の就学の基準）に該当する聴覚障害児数（平成29年5月1日現在）

| 小・中学校における学校教育法施行令第22条の3（特別支援学校の就学の基準）に該当する聴覚障害児数703人（小学校473人，中学校230人） | 特別支援学級在籍者数339人（小学校234人，中学校105人） |
| | 通常の学級在籍者数364人〔小学校239人（うち通級指導教室通級児童数139人），中学校125人（うち通級指導教室通級生徒数40人）〕 |

（文部科学省（2018）．『特別支援教育資料（平成29年度版）』より転載）

b）先天性の感音性難聴児の支援

■言語発達の支援

　主に Marschark&Hauser（2012）に依拠して乳幼児の支援のあり方を述べる。聴覚障害児の言語の様式は音声言語と手話のどちらが良いのかについては結論は出ていない。しかし，乳幼児の言語発達には早期からの母子コミュニケーションの成立が重要であり，また，初期言語の流暢性は認知・社会性の発達，学業成績，さらなる言語発達を支える。他方で，言語発達の敏感期（生後 2 ～ 3 年）に聴覚障害乳幼児（補聴器や人工内耳の有無に関係なく）にとって音声言語が主なコミュニケーション手段になることは難しいことが多い。よって，多くの聴覚障害乳幼児にとって初期のコミュニケーションに手話は重要な役割をもつ。また，手話は音声言語獲得を妨げるとする考えを支持する証拠は見い出されていない。重要なのは言語の様式ではなく，聴覚障害乳幼児が早期に十分に理解でき，表現できる言語に触れることである。田中ら（2006）は人工内耳装用候補幼児に対して，術前の補聴器活用に加えて手話や指文字等を導入して言語発達を促したことが彼らの言語発達に効果があったと述べているが，上述を支持する一例と考えられる。

■日本語リテラシー能力の発達支援

　特別支援学校（聴覚障害）幼・小学部から手話や指文字が取り入れられることも多くなっているが，特に日本手話を第一言語とする聴覚障害児が日本語の読み書き（日本手話とは異なる文法構造や音韻システムをもつ）を習得することには大きな困難が伴う（上農，2003）。しかし，聴覚障害児の読み書きの成績を向上させるための学校での支援方法は確立していない現状であり（上農，2003；Marschark&Hauser，2012），確立に向けた研究が求められている。現状では読み書きに優れた聴覚障害児の共通点として，教育にかける親の関与の度合いが大きく（上農，

2003；Marschark&Hauser, 2012), 膨大な量の読書および文章を書い
た経験を有することが挙げられている（上農，2003)。

■通常の学級のクラスメイトの理解と協力

　通常の学級に在籍している重度の聴覚障害児に対しては，情報保障等
の合理的配慮（P.71「■社会性の発達」参照）に加えて，クラスメイ
トの聴覚障害理解と協力が重要である。例えば，①補聴器や人工内耳を
装用していても声や音が良く聞こえない場合がある。補聴器では似た言
葉を聞き間違える等，言葉がすべて聞き取れる訳ではなかったり，後方
からの声掛けは聞こえなかったりするため，不自然にならないよう留意
して正面から顔を見て口を大きく開けてはっきりゆっくりと話すように
する。②リクルートメント現象（P.64「■感音性難聴の聞こえ方の特
徴」参照）により，机や椅子を床で引きずった時に出る音等が非常にう
るさい音に感じられる場合があるため，机や椅子の脚にテニスボールを
つける等の配慮をする。③グループ学習での話し合いでは，複数の人間
が一斉に話すと聞き取れなかったりする。一人ずつ順番に話したり話の
内容をノートに書いて伝えるようしたりする。④上手く発音できない言
葉があったりする。このことを理解した上でしっかり聞く態度で接した
り，聴覚障害児の言葉が聞き取れない時はしっかりと聞き返したりする
ようする。

■手話と聾文化を知ること・尊重すること

　聴覚障害者のアイデンティティとして，専ら手話を自分たちの言語と
して使用する者を聾者，補聴器等を使用し残存聴力を活用しながら音声
言語を基本とするコミュニケーションをする者を難聴者，そして聴力正
常で音声言語を話す者を聴者とする考え方がある。手話は音声言語と同
様に言葉としての不自由さの無い，複雑さをもった言語である。聴者
は，聾者が手話で作り上げてきた豊かな世界（聾文化）を体験して知る

こと，そして尊重することが重要になる（以上，亀井（2009）を参考にした）。

文献

青柳昌宏（1981）．「触察の世界　毛皮よりも骨格を」『アニマ』6月号，pp. 66-70.

青柳まゆみ・鳥山由子（2017）．『視覚障害教育入門―改訂新版―』ジアース教育新社.

鄭仁豪（2007）．「聴覚障害」中村満紀男・四日市章（編）『シリーズ障害科学の展開　第1巻　障害科学とは何か』明石書店，pp. 128-134.

福田章一郎・間田直美・福島邦博・片岡祐子・西﨑和則（2007）．「新生児聴覚スクリーニングで発見された聴覚障害児の小学校就学時点での評価」『Audiology Japan』50，pp. 254-260.

ゲゼル，A.（1949）．新井清三郎（訳）『視行動の発達』日本小児医事出版社.

林安紀子（2006）．「聴覚障害児の心理・行動特性と支援」橋本・霜田・林・池田・小林・大伴・菅野（編著）『特別支援教育の基礎知識―障害児のアセスメントと支援，コーディネートのために―』明治図書出版，pp. 58-71.

林安紀子（2012）．「聴覚に関する制約と支援」橋本・菅野・林・大伴・小林・渡邊・霜田・武田・千賀・池田（編著）『改訂新版障害児者の理解と教育・支援』金子書房，pp. 49-57.

原田政美（1989）．『眼のはたらきと学習　障害児教育と学校保健の基礎知識』慶応通信.

五十嵐信敬（1991）．「視覚障害児の発達」佐藤泰正（編）『視覚障害学入門』学芸図書，pp. 35-44.

香川邦生（2016）．『視覚障害教育に携わる方のために　5訂版』慶應義塾大学出版会.

柿澤敏文（2016）．『全国視覚特別支援学校及び小・中学校弱視学級児童生徒の視覚障害原因等に関する調査研究―2015年度調査―』.

亀井信孝（2009）．『手話の世界を尋ねよう』岩波ジュニア新書.

河合康（2011）.「視覚障害」石部元雄・柳本雄次（編著）『特別支援教育［改訂版］─理解と推進のために』福村出版, pp. 134-143.

木島照夫（2012）.「通常の学級で学ぶ聴覚障害児の理解と支援」橋本・菅野・林・大伴・小林・渡邊・霜田・武田・千賀・池田（編著）『障害者の理解と教育・支援』金子書房, pp. 57-58.

Marschark, M. & Hauser, P. C. (2012). How Deaf Children Learn : What Parents and Teachers Need to Know, Oxford University Press.

Marschark, M. (2018) Raising and Educating a Deaf Child : A Comprehensive Guide to the Choices, Controversies, and Decisions Faced by Parents and Educators, 3rd Edition, Oxford University Press.

文部科学省（2013）.『教育支援資料─障害のある子供の就学手続きと早期からの一貫した支援の充実─』.

文部科学省（2018）.『特別支援教育資料（平成29年度版）』.

中島隆（2017）.『ろう者の祈り　心の声に気づいてほしい』朝日新聞出版.

永渕正昭（1997）.『聴覚と言語の世界』東北大学出版会.

日本学校保健会（2004）.『難聴児童生徒へのきこえの支援　補聴器・人工内耳を使っている児童生徒のために』.

日本聴覚医学会難聴対策委員会（2014）.「難聴対策委員会報告─難聴（聴覚障害）の程度分類について─」
URL： https : //audiology-japan.jp/cp-bin/wordpress/audiology-japan/wp-content/uploads/2014/12/a1360e77a580a13ce7e259a406858656.pdf（2020年 6 月10日閲覧）

新村出（編）.（2008）『広辞苑　第六版』岩波書店.

岡野真弓・内川義和（2020年）.「視覚障害のある子どもの理解と援助」小竹利夫・芳野正昭・矢野洋子・猪野善弘（編著）『障害のある子どもの保育・教育』建帛社, pp. 38-43.

沖津卓二（2016）.「普通学校における難聴児への対応」『小児耳鼻咽喉科』37(3), pp. 241-245.

大内進（2013）.「視覚障害児者の理解と心理的援助」田中新正・古賀精治『新訂　障害児・障害者心理学特論』放送大学教育振興会, pp. 44-72.

斉藤友介（2014）.「学齢期にある人工内耳装用児の実態」『教育オーディオロジー

研究』8，pp. 16-28.

斉藤友介（2017）．「人工内耳を装用する中学生における日本語の読み書き学力と就学時変数との関係」『聴覚言語障害』46(2)，pp. 69-77.

佐島毅（2015）．「視覚障害教育」柘植雅義・木舩憲幸（編著）『改訂新版　特別支援教育総論』放送大学教育振興会，pp. 62-80.

佐島毅・福田奏子（2019）．「視覚障害」柳本雄次・河合康（編著）『特別支援教育　第 3 版　一人一人の教育的ニーズに応じて』福村出版，pp. 158-166.

佐藤紀代子・杉内智子・三好侑希・調所廣之・熊川孝三（2011）．「人工内耳装用児の就学後の問題点と対策」『Audiology Japan』54(5)，pp. 527-528.

佐藤泰正（1988）．「序論」佐藤泰正（編著）『視覚障害児心理学』学芸図書，pp. 7-23.

白井杏湖・河野淳・斎藤友介・冨澤文子・野波尚子・太田陽子・池谷淳・塚原清彰（2018）．「人工内耳装用中学生の国語学力の検討」『Audiology Japan』61，pp. 576-582.

武居渡・霍間郁実（2018）．「聴覚障害児の手話言語獲得」四日市章・鄭仁豪・澤隆史・クーノス，H. マーシャーク，M.（編）『聴覚障害児の学習と指導　発達と心理学的基礎』明石書店，pp. 104-109.

田中美郷・芦野聡子・小山由美・針谷しげ子・熊川孝三・浅野公子（2006）．「我々の臨床に於ける幼児の人工内耳適応の考え方と療育指導の方法論について」『Audiology Japan』49，pp. 178-183.

鳥山由子（2011）．「視覚に頼らない理科のおもしろさ」『Science Window』春号，pp. 6-7.

鶴岡弘美・石川和代・臼井智子・増田佐和子（2013）．「通常学級から聾学校へ転校した聴覚障害児についての検討」『Audiology Japan』56，pp. 757-762.

上農正剛（2003）．『たったひとりのクレオール―聴覚障害教育における言語論と障害認識』ポット出版.

米川明彦（2002）．『手話ということば　もう一つの日本の言語』PHP 新書.

全国盲学校長会（2018）．『新訂版　新学習指導要領（平成29年告示）対応　視覚障害教育入門Ｑ＆Ａ―確かな専門性の基盤となる基礎的な知識を身に付けるために―』ジアース教育新社.

4 | 知的障害者（児）の理解

古賀精治

《**目標＆ポイント**》　最初に米国知的障害・発達障害協会（AAIDD）における知的障害の定義と分類について解説する。その後，わが国の知的障害の定義と分類について概説する。実は日本では知的障害を定義する法律がない。したがって公認心理師，臨床心理士等の心理専門職の主な職域である医療，教育，福祉等のそれぞれの分野で，どういう人のことを知的障害のある人というのか，その定義と分類は少しずつ異なっている。最後に知的障害の原因，疫学，他の障害との関係について述べる。

《**キーワード**》　AAIDD（第11版），DSM-5，就学基準，療育手帳

1. 知的障害の定義と分類

　知的障害とはどういうことであろう。実は日本では知的障害を定義する法律がない。

　したがって公認心理師，臨床心理士等の心理専門職の主な職域である医療，教育，福祉等のそれぞれの分野で，どういう人のことを知的障害のある人というのか，その定義が少しずつ異なっている。そこで本章では，1876年の設立以来，知的障害という状態の理解，定義および分類において世界の主導的役割を果たし続けてきた米国知的障害・発達障害協会（AAIDD）の定義について述べた後，わが国の医学，教育，福祉における知的障害の定義について概説する（図4-1）。

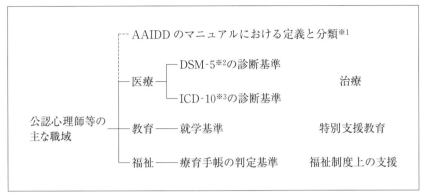

図 4 - 1　知的障害の定義と分類

※1　AAIDD のマニュアル：2007年 1 月に米国精神遅滞協会（AAMR）から名称を
　　変更した米国知的障害・発達障害協会（AAIDD）の2010年のマニュアル「知的
　　障害：定義，分類および支援体系（第11版）」。
※2　DSM-5：米国精神医学会（APA）の精神疾患の診断・統計マニュアル第 5 版
　　（2013年；主に米国で使用されている）。
※3　ICD-10：世界保健機関（WHO）の疾病および関連保健問題の国際統計分類第
　　10版（1992年；主に欧州で使用されている）。なお，第11回改訂版（ICD-11）が
　　2018年 6 月に公表された。2019年 5 月に WHO 世界保健総会で採択され，加盟国
　　が状況に応じて順次導入していく予定である。

（1）米国知的障害・発達障害協会（AAIDD）における知的障害の定義 と分類

　AAIDD の最新マニュアルである「知的障害：定義，分類および支援
体系（第11版）」（以下，AAIDD（第11版）とする）では，知的障害を
定義するのに 2 つのアプローチを用いている。第 1 のアプローチは知的
障害の操作的定義であり，第 2 のアプローチは知的障害の構成的定義で
ある。

　まず知的障害の操作的定義について，AAIDD（第11版）では次のよ
うに述べている。

　知的障害は，知的機能と適応行動（概念的，社会的および実用的な適応スキルによって表される）の双方の明らかな制約によって特徴づけられる能力障害である。この能力障害は18歳までに生じる。

　この定義を適用するには以下の５つを前提とする。

（１）今ある機能の制約は，その人と同年齢の仲間や文化に典型的な地域社会の状況の中で考慮されなければならない。

（２）アセスメントが妥当であるためには，コミュニケーション，感覚，運動および行動要因の差はもちろんのこと，文化的，言語的な多様性を考慮しなければならない。

（３）個人の中には，制約と強さが共存していることが多い。

（４）制約を記述する重要な目的は，必要とされる支援のプロフィールを作り出すことである。

（５）長期にわたる適切な個別支援によって，知的障害がある人の生活機能は全般的に改善するであろう。

（「知的障害：定義，分類および支援体系（第11版）」日本発達障害福祉連盟より引用）

　この定義は2002年のマニュアル AAIDD（旧 AAMR）第10版の定義をそのまま踏襲しており，知的機能と適応行動（概念的，社会的，実用的な適応スキルで表される）の双方の明らかな制約，18歳までの発現という３つの基準に基づいている。この３つの基準は，時とともに用語または名称が変化してきたにもかかわらず，過去50年間一貫している。

　知的機能と適応行動の双方の明らかな制約がある場合に知的障害とするということは，例え知的機能に明らかな制約があっても，今現在の環境の中で適応行動に制約がない人は，知的障害とは認められないということを意味している（**表４−１**）。画期的といわれた1992年のマニュアルAAIDD（旧 AAMR）第９版以来，知的障害は個人の絶対的な特性ではなく，現時点でのその個人と環境との相互作用によって決まる相対的な状態であり，適切な支援によって変化する可能性のある状態だととらえ

表4-1　知的機能と適応行動の制約と知的障害との関係

		知的機能の明らかな制約	
		ある	ない
適応行動の明らかな制約	ある	知的障害である	知的障害でない
	ない	知的障害でない	知的障害でない

られている。

　これまで知能についてはさまざまに定義されてきたが，AAIDD（第11版）は「知能とは全般的な知的能力を指す。知能には，推論する，計画する，問題を解決する，抽象的に思考する，複雑な考えを理解する，速やかに学習する，および経験から学ぶことが含まれる。」と定義している。知的障害の診断基準となる「知的機能の明らかな制約」は，使用する知能検査の標準測定誤差と検査の長所および制約を考慮して，知能指数（以下，IQとする）が平均より約2標準偏差以上低いことを指す。知的機能の評価は「適切な評価尺度」，すなわち標準化された個別式の知能検査を使用し，適切な訓練を受けた検査者によって実施されなければならない。

　適応行動について，AAIDD（第11版）は「適応行動は，日常生活において人々が学習し，発揮する概念的，社会的および実用的なスキルの集合である」と定義している。概念的スキルには言語（読み書き），金銭，時間および数の概念などが含まれる。社会的スキルには対人的スキル，社会的責任，規則や法律を守ること，被害者にならないようにすること，および社会的問題を解決することなどが含まれる。実用的スキルには日常生活の活動（食事，移動，着衣等），職業スキル，金銭の使用，ヘルスケア，電話の使用などが含まれる。AAIDD（第11版）は「知的障害を診断するためには，障害のある人とない人を含む一般的な集団に

基づいて標準化した尺度を使用し，適応行動に明らかな制約があること
を証明しなければならない。」としている。適応行動の明らかな制約と
は「標準化した尺度によって，適応行動の3つの型（概念的，社会的ま
たは実用的）のひとつ，または概念的，社会的および実用的スキルの標
準化した尺度による総合得点のいずれかで，平均より約2標準偏差以上
低い能力」であると定義している。なお知的機能だけでなく，適応行動
に関してもカットオフ基準が設定されたのは AAIDD（第10版）からで
ある。

　第3の基準である発現年齢は，障害が生じた年齢を指す。「18歳まで
の発現」とは，18歳以降に発現した場合は知的障害とはいわないという
ことである。18歳以降に事故等による頭部の損傷や加齢によって知的機
能が低下した時は，高次脳機能障害や認知症とよばれる。

　次に第2のアプローチである知的障害の構成的定義について，AAIDD
（第11版）は「人としての働き」の制約であるとしている。「人としての
働き」とは，生活上のすべての活動を含む包括的な用語である。その概
念的枠組みは主として2つの要素で構成されている（図4-2）。すなわ
ち，人としての働きに影響を及ぼす5つの次元（知的能力，適応行動，
健康，参加および状況）と，そこで重要な役割を果たす個別支援であ
る。こうした多次元的枠組みで人としての働きを捉えることで，知的障
害の発現が知的能力，適応行動，健康（精神的健康と身体的健康の状
態），参加（人生の主要活動に参加する機会），状況（日常生活を営む状
況）および個別支援の間に相互にダイナミックな影響を及ぼすことが理
解でき，人としての働きを高める上での個別支援の必要性が強調され
る。包括的で正しい知的障害の構成概念の理解には，このような個人と
環境の相互作用を反映する多次元的な生態学的アプローチが必要だと考
えられている。

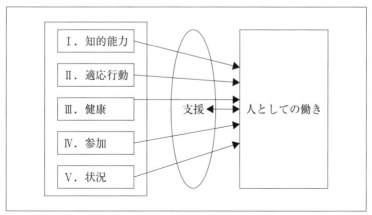

図 4 - 2　人としての働きの概念的枠組み

　知的障害の分類について，AAIDD（第 9 版）は IQ による重症度区分を廃止し，知的障害のある人が必要とする支援の強度に基づく新しい分類体系を提案した。この分類システムでは，知的障害をそれまでのように IQ に基づいて軽度，中度，重度，最重度に下位分類することはせず，支援プログラムに結びつくように，必要とされる支援の程度によって一時的（必要な時だけの支援），限定的（継続的ではあるが期間限定の支援），長期的（少なくともある環境で期間を限ることなく定期的に提供される支援），全面的（いろいろな環境で長期的かつ強力に行われる支援）という 4 つの水準に分類することになった。IQ は分類のためではなく，診断のためだけに用いられるようになったのである。AAIDD（第11版）は，この AAIDD（第 9 版）における重症度区分の廃止と必要な支援に基づく分類というパラダイムシフトを補完し強化しており，人の働きの一つの次元だけ（例えば IQ だけ）に焦点を当てるのではなく，人の働きの概念的枠組み（**図 4 - 2**）に基づく多次元的分類体系を提案している。多次元的分類体系によって，ある人に関する最も包括的

で有用な情報を提供することができると述べられている。

　ところでAAIDD（第11版）において，「IQ水準が比較的高い知的障害のある人の支援ニーズ」という新たな章が立てられたことは注目に値する。AAIDD（第11版）では，IQ水準が比較的高い知的障害のある人は，生活の全領域にわたって，社会の中で重大な困難に直面しており，「軽度」の指す意味内容が誤解を招いていると指摘している。例えば，彼らの実行能力に対する期待はIQ水準の低い人よりも高く，彼らにはより要求度の高い仕事が与えられる。しかしこうした期待に応えられないと，人からしばしば非難されるか，または本人が自分のせいにしてしまう。このグループに属する人は，多くの場合，学校を卒業し，住む社会が複雑になり，成人として生活する際の基準が高くなると，その人たちの本来の能力と，環境条件との隔たりが広がる。現実には，こうした人の多くが必要な支援を得られず，能力と条件との溝を埋めることができずにいる。そのため，不完全な就業または失業状態で，貧困であることも多く，自立した生活を営めず，生活上の困難に打ちひしがれることが多い。こうした知的障害のある人がアクセスできる，創造的な個別支援がきわめて重要だとされている。

（2）医学における知的障害の定義と分類

　医学的な診断基準についてはDSM-5を取り上げる。DSM-5では知的障害を知的能力障害（Intellectual Disability），全般的発達遅延，特定不能の知的能力障害から成る知的能力障害群として，神経発達症群の一つに位置づけている。知的能力障害の診断基準は次のように記されている。

　　　　知的能力障害（知的発達症／知的発達障害）の診断基準

　知的能力障害（知的発達症）は，発達期に発症し，概念的，社会的，および実用的な領域における知的機能と適応機能両面の欠陥を含む障害である。以下の３つの基準を満たさなければならない。

A．臨床的評価および個別化，標準化された知能検査によって確かめられる，論理的思考力，問題解決，計画，抽象的思考，判断，学校での学習，および経験からの学習など，知的機能の欠陥。

B．個人の自立や社会的責任において発達的および社会文化的な水準を満たすことができなくなるという適応機能の欠陥。継続的な支援がなければ，適応上の欠陥は，家庭，学校，職場，および地域社会といった多岐にわたる環境において，コミュニケーション，社会参加，および自立した生活といった複数の日常生活活動における機能を限定する。

C．知的および適応の欠陥は，発達期の間に発症する。

（日本精神神経学会（日本語版用語監修），高橋三郎，大野　裕（監訳）：『DSM-5精神疾患の診断・統計マニュアル』．東京，医学書院，2014，p.33より転載）

　AAIDD（第11版）と同様，全般的知能の欠陥，適応機能の欠陥，発達期における発症がDSM-5における知的能力障害の診断基準である。

　個別施行で精神測定学的妥当性および信頼性があり，平均値を100，標準偏差を15とする知能検査において，IQが65〜75（70±5）以下であることが診断基準A（全般的知能の欠陥）である。ただし，知能検査の得点は実生活の状況における論理的思考および実用的課題の習得度を評価するためには不十分かもしれない。したがって知能検査の結果の解釈においては臨床的な判断が必要である。

　適応機能は３つの領域，すなわち概念的領域，社会的領域，および実用的領域における適応的な論理的思考から構成されている。概念的（学問的）領域は，特に，記憶，言語，読字，書字，数学的思考，実用的な

知識の習得，問題解決，および新規場面における判断においての能力に関する領域である。社会的領域は，特に，他者の思考・感情・体験を認識すること，共感，対人的コミュニケーション技能，友情関係を築く能力，および社会的な判断に関する領域である。実用的領域は，特に，セルフケア，仕事の責任，金銭管理，娯楽，行動の自己管理，および学校と仕事の課題の調整といった実生活での学習および自己管理に関する領域である。同じ年齢，性別，社会文化的な背景をもつ人と比較して，個人的自立および社会的責任における集団の標準をどれだけ満たしているかが，診断基準B（適応機能の欠陥）である。3つの領域の適応機能のうち少なくとも1つの領域が著しく障害されているため，学校，職場，家庭，または地域社会の中の1つ以上の生活状況において適切な行動をとるためには継続的な支援が必要である場合に満たされる。適応機能は個別施行で標準化された評価尺度と面接で得られた得点および臨床的判断によって評価される。

　診断基準C，つまり発達期における発症という基準を満たすためには，知的機能および適応機能の欠陥が幼少期または青年期からあることを確認しなければならない。知的能力障害は後天的な認知機能の有意な低下によって特徴づけられる神経認知障害群とは区別される。

　従前の DSM-Ⅳ-TR と DSM-5との最も大きな違いは，知的能力障害の分類，すなわち知的能力障害の重症度がIQではなく適応機能に基づいて定義されたことである。それは支援のレベルを決めるのに必要とされるのが，IQ よりも適応機能の評価であるためである。概念的，社会的，実用的領域のそれぞれにおける具体的な適応機能の実態と必要とされる支援の程度を臨床的に評価することによって，軽度，中等度，重度，最重度に分類するよう大きく変更された。ただし，各領域の評価が一致しなかった場合に，DSM-5は重症度の判定基準の手引きを示して

いない。その決定については，単に臨床的な判定をすることを診察者に
すすめているに過ぎない（ルネー・アルヴィン，2017）。

（3）教育における知的障害の定義と分類

　文部科学省は「就学指導資料」（2002年 6 月）において，知的障害を
「発達期に起こり，知的機能の発達に明らかな遅れがあり，適応行動の
困難性を伴う状態」と定義している。

　「発達期」とは一般的に18歳以下をいう。「知的機能」とは認知や言
語などに関わる機能であり，その発達に明らかな遅れがあるということ
は，精神機能のうち情緒面とは区別される知的面に，同年齢の児童生徒
の平均的水準より明らかに遅れがあることを意味している。概ね知能指
数（または発達指数）70〜75程度以下とされている。適応行動は他人と
の意思の交換，日常生活や社会生活，安全，仕事，余暇利用等に関する
機能として考えられ，「適応行動の困難性を伴う状態」とは，適応行動
がその年齢で標準的に要求される状態までに至っておらず，全体的な発
達の遅れとして現れているということである。

　知的障害の分類としては，学校教育法第71条の 4 に「視覚障害者，聴
覚障害者，知的障害者，肢体不自由者又は病弱者の障害の程度は，政令
で，これを定める。」とされ，これを受けて，学校教育校法施行令第22
条の 3 に特別支援学校に就学させるべき障害の程度（以下「就学基準」
という）が規定されている。また「障害のある児童生徒等に対する早期
からの一貫した支援について（通知）」（2013年10月）に特別支援学級の
就学基準が規定されている。知的障害者の就学基準を**表 4 - 2** に示す。

表4-2　知的障害者の就学基準

障　害　の　程　度	学びの場
1．知的発達の遅滞があり，他人との意思疎通が困難で日常生活を営むのに頻繁に援助を必要とする程度のもの 2．知的発達の遅滞の程度が前号に掲げる程度に達しないもののうち，社会生活への適応が著しく困難なもの	特別支援学校
知的発達の遅滞があり，他人との意思疎通に軽度の困難があり日常生活を営むのに一部援助が必要で，社会生活への適応が困難である程度のもの	特別支援学級

　表4-2において「他人との意思疎通が困難」とは，特別な配慮なしに，その年齢段階に標準的に要求されるコミュニケーション能力には至っておらず，一般的な会話をする際に話された内容を理解することや自分の意思を伝えることが困難であり，他人とのコミュニケーションに支障がある状態を示す。「日常生活を営むのに頻繁に援助を必要とする」とは，一定の動作，行為の意味，目的，必要性を理解できず，その年齢段階に標準的に要求される日常生活上の行為に，ほとんどの場合または常に援助が必要である程度のことをいう。「社会生活への適応が著しく困難」とは，例えば他人との意思交換，自己管理，日常生活や社会生活，対人関係の形成などに関して，その年齢段階に標準的に要求される適応能力が特に乏しい状態を指す。

　知的障害特別支援学級の対象児は，その年齢段階に標準的に要求される機能に比較して，他人との日常生活に使われる言葉を活用しての会話はほぼ可能であるが，抽象的な概念を使った会話などになると，その理解が困難な程度の者をいう。例えば，日常会話の中で，晴れや雨などの天気の状態についてわかるようになっても，「明日の天気」などのように時間の概念が入ると理解できなかったりすることや，比較的短い文章

であっても，全体的な内容を理解し短くまとめて話すことなどが困難であったりする。一方で同時に，家庭生活や学校生活におけるその年齢段階に標準的に求められる食事，衣服の着脱，排せつ，簡単な片付け，身の回りの道具の活用などにはほとんど支障がない程度である。

（4）福祉における知的障害の定義と分類

　知的障害者福祉法に知的障害に関する定義はない。

　厚生労働省は，平成17年度知的障害児（者）基礎調査の結果における用語の解説の中で，知的障害を「知的機能の障害が発達期（おおむね18歳まで）にあらわれ，日常生活に支障が生じているため，何らかの特別の援助を必要とする状態にあるもの」としている。

　知的障害者の福祉の増進に資することを目的として，知的障害者に対して一貫した指導・相談を行うとともに，各種の援助措置を受けやすくするために交付される手帳を療育手帳という。同じように，身体障害者に交付される身体障害者手帳については，身体障害者福祉法に手帳発行に関する記述があるが，療育手帳については知的障害者福祉法にその記述がなく，1973年の厚生事務次官通知「療育手帳制度について」を根拠として，各都道府県または政令指定都市が判定を行っている。実際の判定業務は，18歳未満は児童相談所，18歳以上は知的障害者更生相談所が行っている。法律に定められた制度ではなく，具体的な交付基準等が国から出されていないため，手帳の名称，判定方法，交付の基準，障害程度の区分は，実施主体である都道府県や政令指定都市の間で統一されていない。

　療育手帳には，心理判定や医師の診断等に基づき，知的能力（IQ），日常生活能力および介護度，重複する身体障害の有無と程度などに応じて，総合的に判定された障害の程度が記載される。障害程度は「A」と

「B」に区分される。「A」は重度の障害であり，IQ おおむね35以下，ただし身体障害を有する場合は IQ おおむね50以下とされる。「B」は中軽度であり，その他の場合とされる。もっとも障害の区分は都道府県や政令指定都市によって異なり，例えば A1（最重度），A2（重度），B1（中度），B2（軽度）の４つの区分を設けているところも多い。

　なお，平成30年度障害者総合福祉推進事業「知的障害の認定基準に関する調査研究」報告書（東京都手をつなぐ育成会，2019）によれば，児童相談所や知的障害者更生相談所等で知的障害の判定に使用されているツールは，ビネー式知能検査が96.1％，ウェクスラー式知能検査が51.2％を占めていた（複数回答可）。適応行動（生活能力）の尺度としては，SM社会生活能力検査が48.1％と半数の機関で使用されていた。

2．知的障害の原因

　DSM‐Ⅳ‐TR では，臨床場面でみられる者の約30〜40％は，知的障害のはっきりした病因が決定できないとされている。また AAIDD（第11版）は，最も広範で最新の遺伝学的，生物医学的検査であっても，病因を同定できるのはすべての症例の半数に満たないであろうと述べている。

　知的障害の原因は従来から病理型，生理型，心理・社会型に大別されてきた。

　染色体異常，代謝異常，インフルエンザなどの疾患による脳炎の後遺症や不慮の事故による頭部の外傷など，脳に何らかの病理的機制があるものを病理型という。知的障害という状態を引き起こす病名は数百種類にものぼる。一般に重度が多いが，知的障害の中に占める割合は低い。一方病理的機制がないものを生理型という。特に病理的な原因がなくても，IQ が70以下の人は理論上，人口の2.27％の割合で生まれる。軽度

の場合が多く，知的障害の大半を占める。障害の発生に心理・社会的要因が強く関与していると考えられるものを心理・社会型という。日本でも近年，知的障害の原因になりうるほどの児童虐待などが散見されるようになってきた。

　ところでAAIDD（第10版）は，知的障害のある人の多くが2つ以上の原因的危険因子をもっていると述べ，知的障害の病因の多因子的性質を強調している。知的障害の原因として生物医学的な危険因子はあるかもしれないが，それだけで知的障害が引き起こされるわけではないとして，知的障害の病因を分類するための4つの危険因子のカテゴリー（生物医学的，社会的，行動的，および教育的）と各因子の作用時期からなる新しい複合危険因子モデルを提示した。AAIDD（第11版）もこの考え方を踏襲しており（**表4-3**），病因への多因子的アプローチよって，予防と支援の方策の立案および実施が容易になると述べている。

表4-3　知的障害の危険因子（AAIDD（第11版））

時期	生物医学的	社会的	行動的	教育的
出生前	1. 染色体異常 2. 単一遺伝子疾患 3. 症候群 4. 代謝疾患 5. 脳の発生異常 6. 母親の疾患 7. 親の年齢	1. 貧困 2. 母親の栄養不良 3. ドメスティックバイオレンス 4. 出生前ケアの未実施	1. 親の薬物使用 2. 親の飲酒 3. 親の喫煙 4. 未成年の親	1. 支援がない状況下での親の認知能力障害 2. 親になる準備の欠如
周産期	1. 未熟性 2. 分娩外傷 3. 新生児期の疾患	1. 出生前ケアの未実施	1. 親による養育拒否 2. 親による子どもの放棄	1. 退院後の福祉的支援への医療側からの紹介の欠如
出生後	1. 外傷性脳損傷 2. 栄養不良 3. 髄膜脳炎 4. 発作性疾患 5. 変性疾患	1. 養育者との不適切な相互作用 2. 適切な養育刺激の欠如 3. 家庭の貧困 4. 家族の慢性疾患 5. 施設収容	1. 子ども虐待とネグレクト 2. ドメスティックバイオレンス 3. 子の安全に無頓着 4. 社会的剥奪 5. 育てにくい気質の子どもの行動	1. 不適切な育児 2. 診断の遅れ 3. 早期介入支援が不十分 4. 特別支援教育が不十分 5. 家族支援が不十分

3．知的障害の疫学

　知的障害の有病率は一般人口全体の約１％である。知的障害は男性により多く，一般的に男性は女性と比べて，軽度（平均男女比1.6：1）および重度（平均男女比1.2：1）のいずれにおいても診断される比率が高い（DSM-5）。またその発生率を重症度別に分けると，軽度が約85％，中等度がおよそ10％，重度が３～４％，最重度が１～２％である（DSM-Ⅳ-TR）。

　わが国の知的障害者数としては，平成25年度末94万1,326人，平成26年度末97万4,898人，平成27年度末100万9,232人，平成28年度末104万4,573人，そして平成29年度末現在で107万9,938人が，療育手帳交付台帳に登載されており，毎年増加している。平成29年度末現在の日本人の一般人口に対するその割合は約0.85％である。

　療育手帳を所持していない知的障害者もいるとみられることから，実際の知的障害者数はもっと多いと考えられる。**表4-4**をみると，重度知的障害者が40万7,140人，中軽度知的障害者は67万2,798人である。A（重度）に対するB（中軽度）の倍率が18歳未満では2.8倍であるのに対して，18歳以上ではその半分の1.4倍しかないことから，とりわけ18歳以上で療育手帳を所持していない中軽度の知的障害者が，まだ相当数いるのではないかと推定される。

表4-4　療育手帳交付台帳登載者数（平成29年度末現在）

	18歳未満	18歳以上	計
A（重度）	7万1,653人	33万5,487人	40万7,140人
B（中軽度）	19万9,617人	47万3,181人	67万2,798人
計	27万1,270人	80万8,668人	107万9,938人

4．他の障害との関係

　知的障害では，精神的，神経発達的，医学的，および身体疾患の併発がしばしばみられ，一般人口よりも 3 ～ 4 倍ほど高率にみられる疾患（例：精神疾患，脳性まひ，およびてんかん）もある（DSM-5）。発作とてんかんは，一般人口と比べて知的障害を有する人により多くみられる。てんかんは知的障害の8.8～32%に合併する。知的障害と脳性まひの両方がある人では，てんかんの有病率はおよそ50%である（AAIDD（第10版））。一般に知的障害のある人のてんかんは，知的障害のない人のてんかんより治りにくい（石崎，2000）。

　知的障害に最もよく併発する精神および神経発達症は，注意欠如・多動症，抑うつ障害群と双極性障害群，不安症群，自閉スペクトラム症，常同運動症（自傷行動の伴うもの，または伴わないもの），衝動制御障害，および認知症であり，うつ病はすべての重症度の知的能力障害において発症するかもしれない（DSM-5）。知的障害の若年者は，診断基準に完全には該当しない気分障害や不安症の特徴を示したり，その適応に本質的な問題を引き起こしたりして，事例を複雑にする（ルネー・アルヴィン，2017）。認知症については，一般に定型発達が前提であり，もともと知的に障害がある人に対する認知症の診断はこれまであまり想定されてきていなかった。しかし近年，知的障害者の高齢化の進行に伴って，障害者支援施設等から認知症の罹患や認知症様の症状が現れた事例報告が増加してきている。海外の研究により，知的障害者，特にダウン症者は，一般の人と比較してより早期に高い割合で認知症に罹患することが報告されている（木下，2018）。

※本章は，古賀精治（2013）「知的障害児・者の理解」（田中新正・古賀精治

編著『障害児・障害者心理学特論』，放送大学教育振興会，pp.95-106）を元に加筆修正した。

引用文献

アメリカ精神遅滞学会（編），茂木俊彦（監訳）（1999）．『精神遅滞［第9版］—定義・分類・サポートシステム—』学苑社.

米国精神遅滞協会，栗田広・渡辺勧持（共訳）（2004）．『知的障害：定義，分類および支援体系　第10版』日本知的障害福祉連盟.

米国知的障害・発達障害協会，太田俊己・金子健・原仁・湯汲英史・沼田千妤子（共訳）（2012）．『知的障害：定義，分類および支援体系　第11版』日本発達障害福祉連盟.

米国精神医学会，高橋三郎・大野裕・染矢俊幸（共訳）（2006）．『DSM-Ⅳ-TR　精神疾患の診断・統計マニュアル　新訂版』医学書院.

米国精神医学会，高橋三郎・大野裕監訳，染矢俊幸・神庭重信・尾崎紀夫・三村將・村井俊哉（共訳）（2014）．『DSM-5　精神疾患の診断・統計マニュアル』医学書院.

石崎朝世（2000）．「長期経過」（有馬正高監修）『発達障害の臨床』日本文化科学社，pp.16-20.

木下大生（2018）．「Ⅳ　知的障害者の高齢化と認知症」（日本発達障害連盟編）『発達障害2018年版』明石書店，pp.110-111.

社会福祉法人東京都手をつなぐ育成会（2019）．「「知的障害の認定基準に関する調査研究」報告書」厚生労働省.

ルネー，M.T・アルヴィン，E.H.（著），高橋祥友（監訳）（2017）．『学校関係者のためのDSM-5』医学書院.

参考文献

日本精神神経学会精神科病名検討連絡会（2014）．「DSM-5　病名・用語翻訳ガイドライン（初版）」『精神神経学雑誌』第116巻，第6号，pp.429-457.

5 ｜ 知的障害者（児）への支援

衛藤裕司

《**目標＆ポイント**》　知的障害は，知的能力と適応行動の障害である。知的障害の知的能力に関する研究の歴史は古く，そこから得られた知見は，今でも知的障害者（児）支援の礎になっている。ここでは，その基礎を学ぶ。さらに，知能検査で測定された知的能力がその人の適応行動の状態を説明しきれないということがわかってきている。そのことについて知見を紹介し，「知的障害」という状態について，さらに深く理解する。全般を通して，心理支援・教育支援で最近，よく使用されている認知処理的アプローチと応用行動分析によるアプローチを紹介し，知的障害者（児）への指導技術についても学ぶ。

《**キーワード**》　知的障害，適応行動，心理学的特徴，支援プログラム

1.「知的障害」について

　知的障害とはどのような障害なのであろうか？

　現状では，「知的能力の障害」と「適応行動の障害」と「18歳以下の発症」という3つの条件を満たす状態とされている。いろいろな疾患で知的障害が見られる。ダウン症候群，脆弱X症候群，Prader-Willi 症候群，Angelman 症候群，フェニルケトン尿症，Lesch-Nyhan 症候群，先天性甲状腺機能低下症（クレチン病），結節性硬化症，そして一部の自閉症等と，挙げればきりのないくらい多くの疾患において上記の知的障害の状態が示される。

　本来，それぞれの疾患ごとに「知的能力の状態」と「適応行動の状

態」の特徴が研究され，まとめられるべきであろう。しかしながら，知的能力や適応行動の状態がすでに特徴づけられている疾患はそう多くはない。

　そのため，知的障害の心理学的研究の多くは，各疾患についてではなく，「知的発達の遅れという状態」または「知的発達の遅れのある人」について，研究を積み重ねてきている。

　まずは，これまでの「知的発達の遅れという状態」についての研究を概観することにする。

（1）「知的発達の遅れ」の特徴

　知的障害児者の知的能力全体の発達について研究を行ったのは Fisher and Zeaman（1970）である。彼らは，軽度知的障害者・中度知的障害者・重度知的障害者それぞれ200〜300名の群を対象に，5年間おきにスタンフォード・ビネー知能検査を実施した（基本的に，1人あたり平均4回；全4,700回）。その結果，知的障害児者の知能は，全般的に，①生後〜16歳頃まで急速に発達し，②その後なだらかになり，③60歳以降に衰退傾向を示すということが明らかになった。

　それに対し，定型発達児者の知能は，全般的には，①11歳〜12歳頃まで急速に発達し，発達の個人差が大きく，特に生後2〜3年間で顕著である，②11歳〜12歳以後は発達が緩やかになり，18歳〜20歳頃にピークに達する，③成人期以降は言語性知能および結晶性知能は60歳以降になっても上昇傾向を示すが，動作性知能は比較的，急に下降する（梅谷，2004）。

　これらのことから，知的発達の遅れのあるものは，①知的発達が急である時期は，定型発達であるものと似ている，②知的発達の速度は，定型発達であるものより緩慢である，ということが特徴であると考えられ

る。

（2）「知的発達の遅れ」とともにみられる特徴（知能検査の結果から）

　梅谷（2004）を参考に，知能検査の結果からみられた特徴について**表5-1**に示した。

　これらの結果から，知的障害児者は，「言語的刺激呈示により，言語的抽象化と分析的な処理を行い，結果の言語表出を求められる課題」の方が困難で，「事物や絵などの具体的刺激の提示により非言語的・知覚的な処理を行い，結果の動作的表出を求められる課題」の方が得意であることがわかる。

表5-1　知能検査の結果からみられた「知的発達の遅れ」とともにみられる特徴

研究者・検査名・参加者	容易な課題	困難な課題	特徴
Sloan and Cutts（1947）スタンフォード・ビネー知能検査 平均 CA およそ20歳 平均 IQ およそ50（中度）	ビーズの紐通し，数唱，定義，語彙，絵の不合理指摘，動物の名	文の記憶，反対類推，類似点，言語表現の不合理指摘	知的障害児者は，具体性を含む検査課題が容易であり，抽象性を含む検査は困難である
大井（1956）鈴木ビネー式知能検査 IQ75以下（軽度）	手指の数，紐結び，差異を挙げる，つり銭計算，用途以上の定義，時日	20から1までの逆唱，書き取り，混乱している文章の整頓	知的障害者は，日常，具体的な生活場面で接する機会の多い課題は容易であり，高次の抽象能力（分析と統合の能力）は困難である
Gallagher and Lucitio（1961）WISC 知能検査あるいは WAIS 知能検査	組み合わせ，絵画完成問題	語彙，知識問題などの理解，数唱，算数問題	知的障害児者は，知覚的・非言語的な構成あるいは空間的知覚に関連した問題は容易であり，短期記憶に関連した問題は困難である
品川（1960）WISC 知能検査あるいは WAIS 知能検査			知的障害児者は，言語性課題に比べ，動作性課題の成績が良い

（梅谷忠勇（2004）.『図解　知的障害児の認知と学習―特性理解と援助―』. 田研出版を参考に作成）

　古い研究であるが，これらの研究成果から特別支援教育では，知的障害児者への対応として次のことが述べられている（**表5-2**）。

表5-2　知的障害のある児童生徒への対応（特別支援教育）

1．知的障害のある児童生徒にみられる学習上の特性 　知的障害のある児童生徒の学習上の特性としては，習得した知識や技能が偏ったり，断片的になりやすかったりすることがある。そのため，習得した知識や技能が実際の生活には応用されにくい傾向があり，また，抽象的な指導内容よりは，実際的・具体的な内容が習得されやすい傾向がある。 **2．学習上の特性から考えられる教育的対応の基本** **1）学校生活は？** 習得した知識や技能が断片的になりやすい。 →実態等に即し，規則的でまとまりのある学校生活が送れるようにする。 実際的・具体的な内容が習得されやすい。 →生活の課題に沿った多様な生活経験を通し，日々の生活の質が高まるようにする。 **2）学習活動は？** 実際的・具体的な内容が習得されやすい。 →生活に結び付いた実際的で具体的な活動を学習活動の中心に据え，実際的な状況下で指導する。 **3）指導内容は？** 習得した知識や技能が偏りやすい。 →実態等に即し，指導内容を選択・組織する。

（文部科学省（2018）．『特別支援学校学習指導要領解説-各教科等編-（小学部・中学部）』．開隆堂出版を参考に作成）

　次に，知的機能を支える認知能力について，知的障害児者の特徴を述べる。

2．知的障害児者の感覚

（1）見る

1）知的障害の公的な診断は行われていないが，公的な支援を受けている発達に遅れのある人を対象として視覚的な障害を調査した結果，視覚系に何らかの障害がある例は，障害のない人の10倍くらいであると言われている。

2）ダウン症は眼科的異常を合併する割合が高い。その中で最も多いのが屈折異常である。その後の視覚発達に影響を及ぼすため，早期発見（遠視・近視・乱視など光学系異常は，屈折度を測る機器で早期に発見可能）が重要である。

> 実態把握：視機能（視力・視野・色覚），屈折異常の有無
> 支援：刺激の大きさ，刺激の提示位置，刺激の濃淡

（2）聞く

1）障害のない子どもでは0.1%が聴力損失を示す。IQ50〜70の軽度の知的障害のある子どもの6.1%が，重度の知的障害のある子どもの10.8%が聴力損失を示す（H. M. S. O, 1976）。

2）ダウン症のある子どもも，0〜2歳くらいの段階で難聴を示す。それらは伝音性難聴がかなり多いが，感音性難聴も少なくない。

> 実態把握：聴覚
> 支援：声の大きさ

（3）記憶する

てんかん発作があることもあり，学習したことの忘却と強く関連する。

> 実態把握：てんかん発作の有無，発作前後の学習内容の忘却度
> 支援：学習内容のリハーサル回数

3．知的障害者の認知

（1）見る

1）視覚探索（視線定位）

障害のない子どもは，課題遂行に必要不可欠な部分に多く視線を移動させる。知的障害のある子どもは，課題に重要でない部分についても視線を定位する。つまり，知的障害のある子どもは全体をまんべんなく見る。

> 実態把握：視覚的刺激の複雑さと視線の定位回数
> 支援：刺激の複雑さ

2）視覚探索（有効視野・・・視覚認知場面で必要とされる視野範囲）

障害のない子ども・知的障害のある子どもとも中心視から周辺に離れていくほど図形の正解率は低下する。周辺視野から必要な情報を取り込むことに関して，障害のない子どもは12歳でほぼ成人（20歳）と同様の様相を示す。知的障害のある子どもは必要な情報のパターン識別の精度が低く，それらはほぼ彼らの精神年齢（MA）に近い障害のない子どもの結果と類似する（勝二・堅田，1998）。また，ターゲットを見つけるのに，知的障害のある子どもは，障害のない子どもよりもターゲットと周辺刺激の視線移動回数が多い（勝二・真壁・尾崎，2004）。

> 実態把握：ターゲットと周辺刺激への移動回数，精神年齢（MA）
> 支援：刺激における周辺刺激の使用の度合い

3）複雑図形の模写と再生

　単一図形・分離図形・線共有図形・接点図形・複雑図形の模写を行わせると，知的障害のある子どもは，複雑図形は精神年齢8・9歳で達成率が高くなり，その他の図形は精神年齢5歳で達成率が高くなる。再生も同様である。菱形の図形の模写を行わせると，精神年齢7歳で達成率が高くなる（田中，1969）。

> 実態把握：複雑図形の模写と再生，精神年齢（MA）
> 支援：単一図形・分離図形・線共有図形・接点図形・複雑図形のうち，刺激への使用図形の選択

4）複雑図形の分節化

　複雑図形から分節を抽出する（分節化）ためには，複雑な図形から特定図形の輪郭線を知覚し，図形相互を弁別することが必要となる。図形はゲシュタルトの法則に従ってまとまる傾向が強いため，分節化は図形の知覚と比べて困難である。知的障害のある子どもは，重なり図形に標準図形を使用した際には，同じ精神年齢の障害のない子どもと変わらない。しかし，重なり図形に幾何学図形を使用した際には，同じ精神年齢の障害のない子どもより低い成績となる。また，埋もれ図形に関しては，標準図形を使用しても同じ精神年齢の障害のない子どもより随分と低い成績となる（田中，1969）。

> 実態把握：重なり図形（幾何図形も含む）と埋もれ図形の弁別，精神年齢（MA）
> 支援：重なり図形・埋もれ図形の教材教具への使用図形の選択

5）図形の方向弁別

　標準図形と類似している回転図形を選択する課題において，障害のない子ども（幼児）は，180度右（左）に回転している図形を類似していると判断し，成人になるにつれて45度右方向・315度左方向に回転している図形を類似していると判断するようになる。同じ精神年齢の知的障害のある子ども（精神年齢6歳）は，障害のない子ども（生活年齢6歳）と比べて，180度右（左）に回転している図形を類似していると判断する子どもが多い（田中，1969）。

> 実態把握：図形の方向弁別
> 支援：刺激に使用する図形の角度

（2）聞く

1）処理スピード

　ダウン症のある子どもは，同じ精神年齢の障害のない子どもよりも，聴覚刺激課題における処理スピードが遅い（Squires, Galbraith, and Aine, 1979）。

> 実態把握：話を聞いてからの処理スピード
> 支援：1度に話す話の量，話と話の間の「間」

2）聴覚刺激の再認と再生

　ダウン症のある子どもは，有意味単語でも無意味単語でも再認の方が，再生よりも優れていた。また，直後に再生する場合は，同じ精神年齢の他の知的障害のある子どもと変わらなかったが，遅延反応の場合，ダウン症のある子どもは，単語をどのように言ったのか思い出す能力（再認）が低下している。

> 実態把握：再認と再生の成績の差
> 支援：再生のための言語リハーサルの導入

3）聴覚の長期記憶

　ダウン症のある子どもは，前に聞いたものと同一の刺激をもう 1 度聞いた時，そのたびごとにそれをあたかも新奇刺激のように受け取る傾向がある。脳波研究からは，入力情報のカテゴリー化よりも聴覚的記憶の貯蔵と検索メカニズムに欠陥があることが示唆されている。また，死後の剖検からは，入力した聴覚刺激の意味の解釈に重要な役割を果たす海馬に構造的欠陥があったことが報告されている。

> 実態把握：聴覚の長期記憶
> 支援：長期記憶転送のためのリハーサル計画

4）聴覚の短期記憶

　ダウン症のある子どもは，他の知的障害のある子どもよりも聴覚の短期記憶が弱い。特に，自分で言った音声よりも，他者に言われた音声の短期記憶が弱い。この弱さは，「残響的記憶（echoic memory）」に関係しているかもしれない。「残響的記憶」とは，「刺激が物理的に聞こえなくなった後もしばらく音声を聞くことができる能力である。障害のない子どもと比較し，ダウン症のある子どもは，聴覚刺激の処理スピードが遅いため，急速に残響的記憶が消失するのかもしれない。

> 実態把握：言ったことの復唱などによる聴覚の短期記憶
> 支援：自分で言わせる手続きの導入

5）継次処理

　聴覚的情報は，2 つの並行的な処理過程によって，符号化され，体制

化される。「継次処理」と「同時処理」である（Das, Kirby and Jarman, 1979）。知的障害のある子どもも同時処理と継次処理を使うことができるが，複雑な課題になると，障害のない子どもとの差が出てくる。聴覚的処理の課題では，ダウン症のある子どもは，ダウン症以外の知的障害のある子どもよりも継次処理の成績が低い。また，ダウン症のある子どもは，聴覚的記憶にも困難がある。

> 実態把握：継次処理（K-ABC）
> 支援：同時処理型指導の使用

4. 認知における長所の活用（Strength-Oriented Approach）

　ここまで知的障害児者の感覚の特徴について述べてきたが，すべての知的障害児者やすべてのダウン症児者がこのような特徴を一律にもっているわけではない。認知に関しては，情報処理能力のうち，「強い能力（長所＝strength）」と「弱い能力（短所＝weakness）」を把握し（個人内差），強い能力をできるだけ使いながら課題に取り組めるようにする（長所活用型のアプローチ）。知的障害が重くなると個別検査が施行できず，認知的特徴がわかりづらくなるが，行動観察の複数の結果から推測し，介入しながら反応を見て，介入の適切性を判断していく。

5. 知的障害児者の問題解決能力

　次に，知的障害者の知的機能について述べる。知的機能には，推論する，計画する，問題を解決する，抽象的に思考する，複雑な考えを理解する，速やかに学習する，経験から学習する等，さまざまなものがある。ここでは，比較的，日本国内で研究の進んでいる「問題解決」を中

心に知的障害児者の特徴を述べる。

　「問題解決」は，一般に，「ある特定の状態が与えられており（初期状態），それは別の状態にあるのが望ましいが，そのような変化を達成するための明らかな方法がない」場合に「初期状態から目標状態への変化を達成するための方法を見つけ出すこと」と定義される（野口，1996）。

　野口（1996）によると問題解決事態において，従来，知的障害児は定型発達児に比べ，方略の使用能力が低いことが指摘されてきた（Bray，1979；Brown，1972；Brown，1974）。しかし近年の研究では，知的障害児にとって課題設定が適切である場合は，より高い水準の方略が使用可能であることが示されつつある（Bray，Fletcher，and Turner，1997；Ferretti and Cavelier，1991）。つまり，①課題の難易度が相応に設定され（Bray and Turner，1987），②課題で要求されていることが十分理解でき（Ferretti，1989；Turner and Bray，1985；Turner，Matherne，and Heller，1994），③課題に関与する知識をあらかじめ持っている（Baroody，1996；McFarland and Wiebe，1987），などの要件が備わっている場合，知的障害児は効果的な方略を用いることが明らかにされている。

　この問題解決能力には，問題解決過程に，知覚・認知，注意，動機づけ（モチベーション），プランニング，作業記憶（Working Memory），背景知識などの多くの心理機能が関与している。そのため，これらがすべてであるとは言えない。しかし，知的障害児者が問題解決を行う時，前述の①〜③の条件が考慮され，整えられていることは支援として重要である。

6．知的能力の障害と適応行動の障害

　ここまで，知的障害児者の全般的な知能の特徴，知的障害児者の認

知，知的障害児者の知的機能（問題解決）について，わかっていることと支援の方法について述べてきた。

ところで，知的障害の診断／判断の条件の1つである適応行動の能力の程度と知的機能の能力の程度は必ずしも一致しているとは限らない。知的機能の状態と比較し，適応行動の水準が高い場合もあるし，逆に低い場合もある。

どうして，このようなことになるのであろうか。このような知的機能と適応行動の乖離が生じる主な要因として，池田（2019）は以下の2つを挙げている。

1つ目は，知的機能と適応行動のそれぞれが含む測定対象の領域の違いである。知的機能は，概念的スキルを測定する因子を含むが，社会的スキルや実用的スキルを測定する十分な因子を含まないのではないかということである。

そして，2つ目は，「知的機能の能力」と「適応行動の実際の行動」の相違である。知的機能は，多くの場合，知能検査で評価されることから，どのように取り組むのかということが明示的に教示されている状況下である。その一方，適応行動の能力は，多くの場合，日常生活の行動の様子から評価される。つまり，測定の前提になっている状況が異なっていることによるのではないかということである。

少なくともその行動に関する知的理解がなければ，それに見合う適応行動は生じない。知能検査で測定される能力は，適応行動の能力ほど，幅広い機能をとらえていない。近年の知的機能を測定する検査（WISPI，WISC，WAIS，K-ABC，DN-CAS等）は，人全体の知的機能を測定しようとする試みから離れ，特定の能力を測定することに焦点が当てられている。今後，ますます，この乖離は大きくなるのかもしれない。治療や療育，教育につながるのは知的機能の測定であるのか，適応

行動の測定であるのかという問いに対しては，それぞれの臨床現場において，さらにこのことを考えていく必要がある。

7．実行機能の障害と適応行動の障害

　前述の，知的検査による知的機能の測定だけでは適応行動の状態を説明しきれないという考えから，近年，適応行動の生起に関与する他の能力に問題があるのではないかと考えられている。その代表的なものは，「実行機能の弱さ」である。

　実行機能概念の先駆者の一人であるルリヤは，知的障害児の基本的特徴は，複雑な心理過程の一般化と調節の機能の障害（Luria, 1963）であるとしたが，最近の研究でも知的障害児者は，実行機能のうち，「抑制」，「ワーキングメモリ」，「プランニング」について，MA（精神年齢）が等しい定型発達児者より著しく発達の程度が低く，個人内の他の能力と比べても著しく低いことが報告されている。つまり，知的障害児者は，実行機能に「特異的な弱さ」があるのではないかと考えられている。それだけでなく，知的障害児者を対象とした場合，「抑制（Inhibition）と適応行動尺度」，「プランニング（Planning）と適応行動尺度」の間に有意な相関関係があるという報告もある（知的障害者の実行機能の特徴について，葉石・八島・大庭・奥住・國分，2010；池田・奥住，2011のレビューがある）。

　このように，適応行動の状態を説明できる知的能力以外の障害の存在も現在，検討されている。

8．適応行動の学習

　ここまで，知的能力の障害を中心に述べてきたが，適応行動の障害のある場合，学習によりそれらの行動を獲得していくことになる。AAIDD

（2010）は，「概念的スキル」，「社会的スキル」，「実用的スキル」の３つを適応行動として挙げているが，知的障害児者の場合，特に，大事になるのは本人の理解力に合った「学習程度（難易度）の設定」である。本人の理解力に対し，難しすぎる設定である場合，認知的に強い力を使っても，学習課題は目標を達成できない。そのため，取り組む学習課題の現在の到達度を測定するところから始めなければならない。

　例えば，特別支援教育のアセスメントでは，**図５-１**のレベル４の「教育課程／教育的アセスメント」「学業成績のアセスメント」がそれに相当する。知的障害教育を行っている教育の場では，特別支援学校学習指導要領に基づき，教育課程を編成する。知的障害教育のみ実施できる教科があり，また，教科等を合わせた指導形態で教えることができる。

〔レベル１〕	Diagnostic/Observational Assessment	医師	診断的／観察的アセスメント
〔レベル２〕	Developmental Assessment	心理 P T O T S T	発達的アセスメント
	Intellectual Assessment		知的アセスメント
	Language/Communication Assessment		言語／コミュニケーションのアセスメント
	Motor Assessment		運動のアセスメント
〔レベル３〕	Basic Academic Skills Assessment	教員	「見る」「聞く」「話す」「読む」「書く」「計算する」「推論する」「動作する（微細・粗大）」「行動を遂行する」「人と関わる」「想像する」等のアセスメント
〔レベル４〕	Curriculum/Educational Assessment		**教育課程／教育的アセスメント**
	Achievement Assessment		**学業成績のアセスメント**
〔その他〕	Adaptive Behavior Assessment	心理	適応行動のアセスメント
	Play Assessment		遊びのアセスメント
	Projective Assessment		投影的アセスメント
	Family Assessment		家族のアセスメント

図５-１　障害児者のアセスメントの分類と構造

　AAIDD（2010）の「概念的スキル」に相当する読み書きや金銭，時間等の概念は，国語・算数（数学）の授業で，「社会的スキル」に相当する対人的スキルは「自立活動」の授業で，社会的責任，規則や法律を守る等は「生活科（小学部）」および「社会（中学部）」の授業で，「実用的スキル」に相当する身の回りの世話，健康管理，交通機関の利用は「生活（小学部）」，「職業・家庭（中学部）」で学ぶようになっている。

　例として，「社会的スキル」および「実用的スキル」を多く含む教科「生活科」の内容を**表 5−3**に示す。

表 5−3　知的障害の教育課程でのみ設定できる教科「生活」の学習内容

内容					
1．基本的生活習慣	食事	用便	寝起き	清潔	身の回りの整理
2．健康・安全	健康管理	危険防止	交通安全	避難訓練		
3．遊び	いろいろな遊び	道具の後片付け				
4．交際	自分自身と家族	身近な人との交際	電話や来客の取次ぎ	気持ちを伝える応対		
5．役割	集団の参加や集団内での役割	地域の行事への参加	共同での作業と役割分担			
6．手伝い・仕事	手伝い	整理整頓	戸締り	掃除	後片付け	
7．決まり	自分の物と他人の物との区別	学校の決まり	マナー	日課・予定		
8．金銭	金銭の扱い	買い物	自動販売機等の利用			
9．自然	自然との触れ合い	動物の飼育・植物の栽培	季節の変化と生活			
10．社会の仕組み	家族・親戚・近所の人	いろいろな店	社会の様子	公園や遊園地などの利用	公共施設の利用	交通機関の利用

　現在の到達度（または学習の到達度）に基づき学べるように，多くの知的障害教育を行っている場で，「学習（指導）内容段階表」を独自に作成し，知的障害児者のその時点での到達度を明確にし，積み上げながら学べるようにしている。さらに，合わせた指導形態（**表5-4**参照）では，具体性，記憶するための繰り返し，知識として断片化しないよう，まとまりやすくなるよう授業が行えるように工夫されている。

　このように，適応スキルに関するものは「積み重ね」で学ぶようになっている。そして，「（支援付きで）できる」という考え方を重要視している。「できない」状態を作り出さず，部分的な支援または合理的配慮の提供により，「できる」状態を常に作り出さなければならない。このことは，「Train and Hope（いつかできるようになる）」で行ってきた日本の療育および教育の大きな反省であり，いつもできる状態を教育現場や社会構造の中で繰り出し，「できない存在」にしないことを保証していくことが求められている。

表5-4　知的障害教育における「教科等を合わせた指導」

合わせた指導	内容と方法
日常生活の指導	日常生活の指導は，児童生徒の日常生活が充実し，高まるように日常生活の諸活動を適切に指導するものである生活科の内容だけでなく，広範囲に，各教科等の内容が扱われる。日常生活の自然な流れに沿って，実際的で必然性のある状況下で毎日反復して行い，繰り返しながら，発展的に取り扱う。
遊びの指導	遊びの指導は，遊びを学習活動の中心に据えて取り組み，身体活動を活発にし，仲間とのかかわりを促し，意欲的な活動をはぐくみ，心身の発達を促していくものである。
生活単元学習	生活単元学習は，児童生徒が生活上の目標を達成したり，課題を解決したりするために，一連の活動を組織的に経験することによって，自立的な生活に必要な事柄を実際的・総合的に学習するものである。
作業学習	作業学習は，作業活動を学習活動の中心にしながら，児童生徒の働く意欲を培い，将来の職業生活や社会自立に必要な事柄を総合的に学習するものである。

9．知的障害児者への行動面からの支援

　ところで，知能検査・認知処理検査等の個別検査が実施できない知的障害児者には，行動面から支援していくことになる。その代表的な方法は，応用行動分析（Applied Behavior Analysis；ABA）によるものが多い。知的障害児者の適応行動に関し，よく使用される代表的な技術を以下に紹介する。

（1）課題分析（Task Analysis）

　課題分析は，単純な行動がいくつか連鎖しているような複雑な行動を指導する際に，どのような行動を獲得し，どのようなステップを組んで指導を行うかを検討するために，その行動の中に含まれている構成要素を細かく分析することである。

　例えば，「スーパーでおやつを買う」行動であれば，(1)スーパーの入口で買い物かごを持つ，(2)○○のコーナーへ行く，(3)△△を手に取る，(4)△△を買い物かごに入れる，(5)レジまで行く，(6)財布をポケットから取り出す・・・のようになる。1つ1つの課題項目は動詞で終わるよう記述される。課題項目の中でできないものは，それだけ取り出し練習するか，または環境構成（人も含む）を変更する。後者は，例えば，「(3)△△を□つ，手に取る」の課題項目において，目的とする△△を探し出すことができない時は，「(3)支援者により指さされた△△を手に取る」のように修正する。

　ある課題項目だけ取り出し，練習するのは「学習」であり，教育場面でよく使用される。その一方で，「支援者が指さす」支援を付加するのは，買い物場面における「合理的配慮の提供」である。このように対象となる知的障害児者の状態・状況に合わせ，課題項目を自由に変更でき

るので，おそらく最もよく使用されている技術である。

（2） 連鎖化（**Chaining**）

　日常生活の多くは単純な行動がいくつかまとまって１つの行動になっているものが多くある。そのような行動を指導する際に用いられる手続きが連鎖化を用いる方法である。連鎖化とは，１つ１つの反応を順番に強化して複雑な行動を形成していく手続きである。例えば，「(1)課題分析」で課題分析が行われた「スーパーでおやつを買う」であれば，課題項目(1)から(X)までを(1)→(1)(2)→(1)(2)(3)→(1)(2)(3)(4)・・・という順序で繰り返し，学習していく。

　応用行動分析（ABA）では，行動Aに続いて行動Bが行われた時に強化するという手続きを繰り返し行うと，行動Bは強化のための弁別刺激となり，さらに先行した行動Aの強化としての機能も持つようになると考えている。このように，１度に全部教えるのではなく，また，１つ１つの行動を強化するのではなく，連鎖化された最後の行動を強化する手続きを連鎖化という。連鎖化には，より基礎的な行動から始めて最終的な行動に向けて行動連鎖を長くしていく「順行性連鎖化」と，最終的な行動から始めて逆戻りして行動連鎖を長くしていく「逆行性連鎖化」と，全段階の連鎖全体を獲得するまで最初から最後まで順に遂行していく方法である「全課題呈示法」がある。

（3） プロンプトとフェイディング（**Prompt and Fading**）

　プロンプトとは「一定の反応を生起させるため，補助的に使用される補足的弁別刺激のこと」である。プロンプトの方法としては，(1)音声言語により情報を付加する言語的プロンプト，(2)絵カード・写真・動画等を使用して情報を付加する視覚的プロンプト，(3)手本を示して情

報を付加するモデリング，(4)身体に直接働きかけて情報を付加する身体的プロンプト（例；マニュアル・ガイダンス）等いろいろなものがある。しかし，最終的に一定の反応をひき起こすため補助的に付加していた情報を除去し，弁別刺激のみで行動を生起させることが必要になる。そのため，プロンプトを除去するフェイディング（fading）という手続きを同時に用いる。

　フェイディングの手続きには，(1)プロンプトそのものの援助量を「徐々に」減らす方法（例；音声言語の声量を徐々に下げる，目印の色を徐々に薄くしていく，身体的な援助の力を徐々に弱めていく），(2)他のプロンプトを呈示し，そちらに注意が移行した後，現在のプロンプトを除去する方法，(3)反応までの時間の基準を徐々に変更し，自発を待つ時間遅延法（Time Delay）等がある。

　応用行動分析（ABA）でよく使用される指導技術には，他に「シェイピング（Shaping）」，「分化強化（DRO）」，「機会利用型指導法（Incidental Teaching）」，般化のための「シミュレーション訓練（Simulation Training）」等，実にさまざまなものがある。また，克服すべき行動（以前の「問題行動」）への対応も(1)ABC分析に始まり，(2)適切な行動の強化，(3)機能的に等価な行動による代替，と効果的な指導技術が開発されている。

　応用行動分析（ABA）は技術（technology）であるため，どのように教えるのかという情報は提供するが「何」を教えるのかという情報は提供しない。そのため，前述したAAIDD（2010）の3つのスキルの中のどれを教えるのかということを常に明確にし，それでよいのかという社会的な妥当性も常に検討しなければならない。何故なら，知的障害があるがゆえに，一生，教科「生活科」の学習内容を反復するだけの人生にしてはならないということは，障害者福祉，療育，そして障害児教育

の大きな反省点であるからである。

10．知的障害のある人のアセスメントの視点

　青年期の軽度知的障害者を対象として定型発達者と比較した研究では，自己概念の下位領域の検討から，全体的な自己価値観や学業に関する領域に比べて，対人関係領域と運動能力の領域について否定的な評価をしていることが報告されている。また，学校・家庭・職場・地域における環境要因，生育史など実に人それぞれで多様である。

　また，動機付けの低さも指摘されており，興味・関心を引くようなものを用意するとともに，目的が達成しやすいように段階的になるようにする。さらに，失敗経験も多いので，できる限り成功経験を多くするとともに，自発的・自主的活動を大切にしていくこと等が言われている。

　知的能力，適応行動からの「分析的実態把握」だけでなく，その知的障害児者がどのような人生を歩んできて，いまに至っているのかを知る

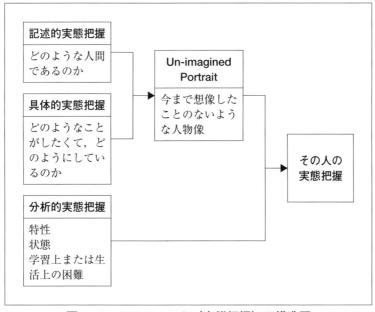

図5−2　アセスメント（実態把握）の構造図

ための「記述的実態把握」，「具体的実態把握」も合わせたアセスメント
が必要であり，それらから想像される人物像により，時に介入の内容や
方法は変更されなければならない。

文献

Bray, N. W. (1979). Strategy production in the retarded. ln N. R. Ellis (Ed.), Hand-
　book of mental deficiency ; Psychological theory and research (2nd ed.). Law-
　rence Erlbaum Associates, Hillsdale, NJ, pp.699-726.

Bray, N. W., Fletcher, K. L, and Turner, L. A. (1997). Cognitive competencies and
　strategy use individuals with mental retardation. In W. MacLean, Jr. (Ed.), Ellis
　'handbook of mental deficiency, psychological theory, and research (3rd ed.).
　Erlbaum, Mahwah, NJ, pp.197-217.

Bray, N. W. and Turner, LA. (1987). Production anomalies (not strategic deficien-
　cies) in mentally retarded individuals. Intelligence, 11, pp.49-60.

Brown, A. L, (1972) A rehearsal deficit Ferretti, R. P. (1989). Problem solving and
　strategy production in mentally retarded persons, Research in Developmental
　Disabilities, 10, pp.19-31.

Ferretti, R. P. and Cavelier, A, R. (1991). Constraints on the problem solving of per-
　sons with mental retardation, International Review of Research in Mental Retar-
　dation, 17, pp.153-192.

池田吉史（2019）．「知的発達障害の心理学的研究」北洋輔・平田正吾（編）『発達
　障害の心理学―特別支援教育を支えるエビデンス―』福村出版，pp. 42-56.

Das, J. P., John, R. and Jarman, R. F. (1979). Simultaneous and successive cognitive
　process. Academic Press.

勝二博亮・真壁毅・尾崎久記（2004）．「知的障害者における幾何学図形を用いた周
　辺視力測定の試み」『茨城大学教育学部紀要（自然科学)』，53，pp. 1-11.

大井清吉（1956）．「鈴木ビネー式知能検査に現れた精神薄弱児の知能特徴」『児童
　心理と精神衛生』，5 (6).

野口和人（1996）．「知的障害児・者を対象とした問題解決研究の課題」『特殊教育学研究』34(1)，pp. 41-46.

梅谷忠勇（2004）．『図解　知的障害児の認知と学習―特性理解と援助―』田研出版.

Fisher, M. A., and Zeaman, D (1970). Growth and decline of retarded intelligence. In N. R. Ellis (Ed.), International Review of Research in Mental Retardation. Vol.4, New York : Academic Press.

Gallagher, J. J., and Lucito, L. J. (1961). Intellectual Patterns of Gifted Compared with Average and Retarded. Exceptional Children, 27, pp.492-482.

H. M. S. O (1976). The Education of Children with impaired Hearing in England. Her Majestry's Stationery Office. London.

勝二博亮・堅田明美（1998）．「精神遅滞者における幾何学図形検出時の有効視野」『特殊教育学研究』，36(3)，pp. 23-29.

品川不二郎（1960）．「WISC による Discrepancy（言語性・動作性の IQ 差）に関する研究―臨床例のタイプ別検討―」『児童精神医学とその近接領域』1，pp. 37-45.

Sloan, W., and Cutts, R. A. (1947). Test Patterns of Mental Defectives on the Revised Stanford-Binet Scale. American Journal of Mental Deficiency, 51, pp. 394-396.

田中敏隆（1969）．「精薄児の図形認識に関する研究」，『教育心理学研究』，17(3)，pp. 156-163.

Squires, N. K., Galbraith, G. C. and Aine, C. J. (1979). Event Related Potential Assessment of Sensory and Cognitive Deficits in the Mentally Retarded. Human Evoked Potentials, pp.397-413.

Turner, LA. and Bray, N. W. (1985). Spontaneous rehearsal in mild mentally retarded children and adolescents. American Journal of Mental Deficiency, 90, pp.57-63.

Turner, L. A, Matherne, J. L. and Heller, S. S. (1994). The effects of performance feedback on memory strategy use and recall accuracy in students with and without mild mental retardation. Journal of Experimental Education, 62, pp.303-315.

文部科学省（2018）．『特別支援学校学習指導要領解説―各教科等編―（小学部・中学部)』開隆堂出版.

Warburg, M. (1994). Visual impairment among people with developmental delay. Journal of Intellectual Disability Research, 38, pp.423-432.

6 | 肢体不自由者（児）の理解

徳永　豊

《**目標＆ポイント**》　ここでは肢体不自由とは何か，その分類や原因となる疾患と，その特徴について紹介する。また，複雑な状態像を示す「脳性まひ」について，随伴する症状や心理的特性を取り上げ，さらに肢体不自由に知的障害が伴ったりする重症心身障害，重複障害の概要を述べる。それらを踏まえて，肢体不自由児・者の困難さと心理特性の理解のポイントを検討する。
《**キーワード**》　肢体不自由，脳性まひ，重症心身障害，困難さ，心理特性

1．肢体不自由について

　肢体不自由は，視覚障害や聴覚障害，内部障害（主には内臓機能障害）とともに**身体障害**に位置づけられ，身体障害（約350万人）の約半数が肢体不自由である。

　疾病や事故，加齢とともに，目や耳，手足の動きに不自由さが生じて身体障害となる場合が多く，身体障害者の7割以上が60歳以上という状況である。また，身体障害児・者の人口割合は，人口1,000人に対して28人で，肢体不自由はその半数の14人程度であり，日常的な存在となっている（厚生労働省，2008）。

（1）肢体不自由とその概要

　肢体不自由の「肢体」とは上肢・下肢・体幹のことであり，「不自由」とは「意のままにならないこと」をいう。肢体不自由とは，手足を操作

したり姿勢を維持したりなど，身体を動かすことに不自由がある状態
で，日常生活での活動，また働くなどの活動で，困難さや制限が生じて
いることを意味する。なお，医学的な肢体不自由とは，「発生原因のい
かんを問わず，四肢体幹に永続的な障害があるもの」とされている。

　着替えや洗面，トイレ，入浴など，さまざまな生活場面で支援が必要
になる場合が多い。移動等については，歩行が可能な場合から座ること
が難しい場合まで幅が大きく，程度に応じた支援が必要になる。

　肢体不自由児・者は，不自由な身体部位や不自由の程度に応じて，義
手，義足や装具，杖，車椅子などの生活用具を活用して生活している場
合が多い。さらに肢体不自由の程度が厳しい場合には，ストレッチャー
型の車椅子やベッドでの生活になる場合もある。

　肢体不自由者の中には補装具等を活用したり，残存機能を生かしたり
して働いている人がいる。車椅子で作業が可能なように作業面の高さや
傾きを調整したり，容易に移動できるように手すりやスロープを設置し
たりして，その能力を生かして仕事に取り組んでいる。

（2）肢体不自由の分類

　肢体不自由の分類として，**表6-1**に示すように，まずは①**形態的側
面**と②**機能的側面**とする場合がある。

表6-1　肢体不自由の分類

形態的側面	先天性四肢形成不全	
	四肢等切断喪失	
機能的側面	脳性疾患	脳性まひ・脳血管障害など
	脊椎・脊髄疾患	二分脊椎・脊髄損傷など
	筋原・神経原性疾患	筋ジストロフィーなど

　形態的側面とは，先天性四肢形成不全や疾病・事故等による四肢等切断喪失などがあり，骨関節疾患や骨系統疾患が含まれる。**機能的側面**とは，中枢神経系や筋肉の機能障害などであり，脳性疾患，脊椎・脊髄疾患，筋原・神経原性疾患が含まれる。

（3）代表的な種類や疾患

　次に肢体不自由の代表的な種類や疾患について取りあげる。

a）形態的側面の肢体不自由

ア）先天性四肢形成不全：胎生期に生じ出生時に四肢の形態異常を示す疾患の総称であり，生まれつきで手や足が欠損している，あるいはその形態が多くの人とは異なる状態のことをいう。その原因はさまざまで，明らかになっていず，治療は手術，義肢装具，リハビリテーションが組み合わされ，手術には変形や脚短縮に対する再建手術，義肢装着を目的とした切断術などがある。四肢形成不全は希少疾患であるため，出生時から成長に伴い継続的な整形外科的対応が必要になる。

イ）四肢等切断喪失：交通事故や労働災害などの外傷で，上肢や下肢が体幹から切り離された状態をいう。上肢や前腕，さらに大腿や下腿部での大きな外力による切断や，手の指のように末梢での切断などがある。外傷以外にも重度の糖尿病や動脈硬化症で，末梢の手指や足趾に血液が流れず，徐々に壊死に陥って切断となることもある。

ウ）関節リウマチ：免疫の異常により，主に手足の関節が腫れたり痛んだりする病気である。進行すると，骨や軟骨が壊れて関節が動かせなくなり，日常生活が大きく制限される。制限の程度が大きくなると肢体不自由の状態になる。

b）機能的側面で脳性疾患の肢体不自由

ア）脳性まひ：妊娠中から生後1か月の間に発生した脳の損傷によって

引き起こされる運動機能の障害を指す。脳損傷の主な原因としては感染，低酸素，脳血管障害，核黄疸などであり，原因が不明な場合も多い。座ったり立ったりすることが難しかったり，物をつかんだり離すことが難しかったり，発声や発語が難しかったりする。場合によると知的障害などを伴うことがあり，肢体不自由の状態は継続するが，発達とともに変化する。

イ）脳血管障害による四肢体幹機能障害：脳血管障害とは，脳に血液を供給する血管に障害が生じることによる脳の機能低下を指す。代表的なものとして，脳梗塞や脳出血，くも膜下出血といった，いわゆる脳卒中がある。その結果，上下肢のまひに加え体幹機能が低下し，日常生活活動に種々の制限が生じる場合が多い。

ｃ）機能的側面で脊椎・脊髄疾患の肢体不自由

ア）二分脊椎：胎児の頃からの脊椎の形成不全・奇形であり，脊髄神経に損傷が生じて，その多くには，下肢のまひ・感覚障害・排尿の障害が生じる。脊髄神経のみの障害であれば，知的障害や言語障害を伴うことはない。

イ）脊髄損傷：交通事故・スポーツ事故や脊髄腫瘍等によって脊髄損傷になる場合がある。下肢のまひ・感覚障害・排尿の障害が生じる。中途障害の場合には，本人と家族の障害の受け止めと理解への配慮が必要になる。

ｄ）機能的側面で筋原・神経原性疾患の肢体不自由

ア）筋ジストロフィー：筋肉の病気で，筋力低下が徐々に進み，移動や姿勢保持，さらには上肢の操作や呼吸が難しくなる。デュシェンヌ型の割合が高く，知的障害や発達障害を重複することも少なくない。本人と家族への病気の告知，受け止めと理解への配慮が重要になる。

イ）筋萎縮性側索硬化症（ALS）：姿勢保持や上肢操作，呼吸に必要な

筋肉がだんだんやせて力がなくなり，動きが難しくなっていく病気である。原因は，脳などからの命令を筋肉に伝える運動神経細胞の機能不全と考えられる。知的機能や感覚・知覚，内臓機能の低下はみられないものの，発声や飲み込み，呼吸が難しくなっていく。意思表出のため，文字盤やコンピュータを活用したコミュニケーション手段の工夫が重要になる。

（4）肢体不自由児と肢体不自由者の特性の違い

身体障害者と同じように肢体不自由者も，加齢（疾病・事故）とともにその数が増加していく。そのために18歳未満の**肢体不自由児**（約5万人）の実態と成人である**肢体不自由者**（176万人）の疾病や実態が，**表6-2**に示すように大きく異なる（厚生労働省，2008）。

a）肢体不自由の子ども

肢体不自由の原因の内訳は，事故が5.4%，疾患が11.6%，出生時が28.3%である。また，原因疾患の内訳は，脳性まひが48%，その他の脳神経疾患が5.6%，脳血管障害と骨関節疾患を合わせて3%であった。

つまり，肢体不自由児の多くは発達初期の脳性疾患であり，肢体不自由を伴いつつ運動機能を獲得していく発達の障害であり，知的発達や言語・コミュニケーション発達を考慮しつつ，その療育や教育に取り組むことが必要となる場合が多い。

表6-2 肢体不自由の子どもと大人の内訳の違い

	子ども	大人
総数	5万人	176万人
事故（交通・労働など）	5.4%	16.1%
疾患	11.6%	22.4%
出生時の損傷	28.3%	3.0%
その他・不明	54.7%	58.5%

b）肢体不自由の大人

　肢体不自由の原因の内訳は，事故が16.1％，疾患が約22.4％，出生時が3.0％である。また，原因疾患の内訳は，脳血管障害が14％，骨関節疾患が13％であり，脳性まひは 3 ％であった。

　肢体不自由者の大多数は，事故や疾患に伴う肢体不自由で，中途障害者の占める割合が高い。脳血管障害が原因の場合には，肢体不自由だけでなく，認知障害や言語障害などの随伴障害を伴うことが多く，複雑な状態像を示す。他方，四肢等切断喪失や骨関節疾患の場合は身体部位の運動機能の制限や喪失となる。この場合には，その身体部位の動きを補う補装具等の活用が工夫の一つになる。

　つまり，肢体不自由者の多くは，成人してからの事故や疾患に伴う肢体不自由であり，そこには発達的要素は含まれない場合が多い。

2．代表的な疾患としての脳性まひとその特徴

　肢体不自由児の48％が脳性まひであり（厚生労働省，2008），脳の損傷の部位や程度で，肢体不自由に加えて知的障害や言語障害など複雑な状態像を示す。さらに出産前後の損傷であって，それが発達に与える影響が大きく，その子どもがよりよい発達を獲得するためには，親や大人の働きかけが大切になる。

（1）脳性まひのタイプ，分類

　肢体不自由の部位・程度や特徴もさまざまである。

　特徴としては，体に力が入っていて，筋肉がこわばり・硬く，動きがなめらかでない「痙直型」や姿勢や動きが変動して安定しない，姿勢が崩れやすい「アテトーゼ型」がある。また，姿勢の保持が難しく，手足を動かす力が入りにくい「失調型」がある。

肢体不自由の部位によって，四肢まひ，両まひ（両下肢），片まひなどがある。

（2）随伴症状について

脳性まひの主症状は肢体不自由であるが，多くの場合に随伴する症状がみられる。

a）知的障害：一般的に，脳性まひの7割程度に知的障害が伴うことが知られている。知的障害の程度は，重度から軽度までさまざまであり，その程度に応じた対応が大切であり，言葉かけや説明などを工夫する必要がある。

b）言語障害：呼吸することや口を動かすことに難しさがあると，発声・発語の障害になる。話すことは難しいけど，知的理解は高い場合があることに注意が必要である。また，知的障害のために言語発達に遅れがあって，言語障害が生じている場合もある。

c）てんかん：一般的には，脳性まひの半数程度にみられることが知られている。発作を伴い，意識がなくなる場合もあり，薬物治療の効果が高い場合もある。

d）摂食・嚥下障害，呼吸障害：口を動かす，かむ・くだく，飲み込むなどの動きが少なかったり，円滑でないと，食べることや呼吸をすることに難しさが伴う。唾液を飲み込むことが難しいと，よだれとして口から出てしまう場合もある。食べることが難しくなると，チューブからの食事，経管栄養も選択肢の一つとして検討することが必要になる。

e）視覚障害など：一般的に，脳性まひの7割程度に，斜視や未熟児網膜症などがみられ，見て外界を捉えることに難しさがあることが知られている。また，奥行き知覚や文字や形である「図」と背景である「地」の区別など視覚認知に難しさが生じることがある。聴覚障害，視覚障害

に気づいたら，専門家の評価を受けることが重要になる。

（3）重度・重複障害または重症心身障害

　脳性まひによる重度の肢体不自由と重度の知的障害などを併せ有する場合に，学校教育では「重複障害」「重度・重複障害」という用語が，医療・福祉の分野では「重症心身障害」という用語が使われる場合がある。

　なお，重度・重複障害には，重度の知的障害（運動発達に著しい障害があり，重度の肢体不自由）や破壊行為や自傷などが厳しい行動障害も含まれる。

　ここでは，肢体不自由の状態が「寝たきり」「座れる」程度であり，知能指数が35以下の重症心身障害（大島の分類１および２，３，４）の特徴について取り上げる。

a）身体・生理的側面

　低身長や低体重など身体発育が順調でない場合や病気がちで骨が細くて脆かったりする場合もある。呼吸が浅かったり，呼吸数の変動が大きかったりする。摂食・嚥下が難しく，食物の摂取に工夫が必要になる。体温調整が苦手で気温の影響を受けやすい場合がある。睡眠と覚醒のリズムが不規則になりやすく，てんかん発作がある場合も多い。

b）心理的側面

　視覚や聴覚に困難がある場合が多いが，反応が曖昧でその確認ができないことがある。触覚が過敏であったり鈍感であったりする場合がある。頭を起こすことや座ることが難しい場合が多く，言語や身振り，表情による表出や表現が乏しい場合が多い。

3. 肢体不自由児・者の理解のポイント

　肢体不自由児・者は，その肢体不自由の程度や随伴する症状が多様であり，その困難さや心理的特性を概論的に解説することは難しい。また，医療・福祉の視点からは「リハビリテーション」「身体障害者手帳」「介護の仕方」等の理解もあるが，ここでは，**図6-1**に示す共通のポイントと個別的に大切で理解しておきたいポイントを取り上げる。

　これらのポイントは心理学的に相互に関連し，影響を与え合っている。

（1）比較的，共通するポイント

　肢体不自由児・者にとって，比較的，共通するポイントとして，「動きの困難さおよび補装具等」「コミュニケーションや意思決定伝達の難しさ」「身体介護の受け止めとその使い方」「メンタルヘルスの維持，二次障害の予防」を取り上げる。

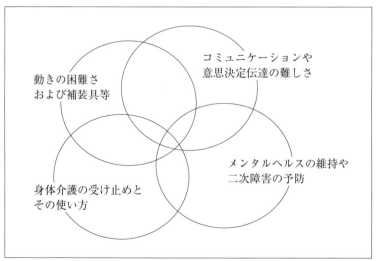

図6-1　肢体不自由児・者の理解のポイント

a) 動きの困難さおよび補装具等

　まひや四肢の欠損で，座る，立つ，歩くことに難しさが伴う。また，書字や食事動作など細かな手の操作が難しい場合もある。周囲の人と同じように動けないことで自己評価を低めたり，中途障害の場合には，事故前のように自由に動けないことでストレスを高めたりする。また，生活動作が難しいと他者からの介護が必要になり，効率的に介護を要請するスキルが重要になる。

　このような肢体不自由の状態を少しでも軽減しようとするものの一つが，義肢（義手・義足）・装具（下肢・上肢・体幹装具）・歩行器・車いす等の補装具である。日常生活や作業，移動の困難さに応じて，これらの補装具を活用する。

　さらに寝返り等の姿勢の変換が難しい場合もあり，その際には一定時間で姿勢を変える介助が必要になる。生活を快適に送る上では，活動に適した姿勢（作業の姿勢，休憩の姿勢）を自ら，または介護者の援助で調整することが重要になる。

b) コミュニケーションや意思決定伝達の難しさ

　脳性疾患や筋原・神経原性疾患による肢体不自由の場合は，四肢の動きの困難に加え，まひなどで呼吸や口腔機能に障害が生じ，発声や発語，他者とのやりとり，コミュニケーションが難しい場合が多い。

　相手に考えや気持ちを伝えることが難しくなり，自分の考えや気持ちを相手に理解してもらえない状況にストレスを高める。

　肢体不自由が重度な場合であっても，知的能力は高く，自分の考えや意思が明確な場合もある。さまざまな状況で，肢体不自由者自身がどうしたいのか，それを自分で決めること，「自己選択・自己決定」はその人の支援において重要な視点である。

　つまり，その人なりの表出手段の確保が重要になる。わずかな目の動

きや表情，身振りなどから相手の選択を，介護者が理解することが大切になる。そのための手段を見つけ出すことが重要である。

　表出手段として，文字盤の文字のどこを見るかを介護者が判断する方法やコンピュータなどの支援機器（Assistive Technology）を活用した取り組みが拡大している。視線や瞬きをセンサーが感知し，それを機器が判断し入力して活用する方法などである。

　このような方法を工夫することで，家族や周囲の人とつながり，自らの考えや気持ちを共有することが，生きている楽しみにつながる。

ｃ）身体介護の受け止めとその使い方

　動きに困難さがあれば，食事やトイレ，移動に介護が必要になる。さらに考えていることを伝えようとすると，文字盤やパソコンを準備してもらう介護が必要になる。肢体不自由が重度であれば，このような身体面の介護は日常的に必要になり，それなくしては生活が維持できない。

　幼少期から肢体不自由の場合には，それらの介護を両親が担うことが多い。思春期や青年期になったとしても，身体的な自立は難しく，そうでありながら，親から離れ，精神的な自立を獲得していくことが求められる。

　精神的自立を獲得し，両親との同居から離れ，介護者を使いながら自分らしく生きていくことが自立の一つになる。その際に，身体介護をどう受け止め，どう使っていくのかが課題となる。これは，中途障害で肢体不自由になり，介護が必要になった場合も同じである。

　身体的自立が難しい中で，他者の手足による介護を自らの手足のように機能させる，介護者のマネジメントスキルが必要になる。さらに，介護者も人であり，お互いが感じるストレスが少なくなるようなコミュニケーションの改善が重要になる。

d）メンタルヘルスの維持や二次障害の予防

　障害のある人は，メンタルヘルスを損ない精神疾患になるリスクが，障害のない人より高い。肢体不自由の場合は，移動や操作などで姿勢や体を意のままに動かせないストレス，動こうとすると介助者にそれを伝えないといけないストレス，想いや考えていることを自由に表現できないストレス，将来の生活に対する不安やストレスなどで，メンタルヘルスを維持することが難しくなる可能性が高い。

　このリスクの高さは，肢体不自由の程度に応じたものではなく，場合によると知的理解が高く，肢体不自由の程度が軽い場合に，リスクが最も高くなる場合もある。特に思春期の女性でリスクが高まり，うつになる事例が多い。

　進行性でない肢体不自由の場合でも，姿勢の管理を適切に行っていないと，二次障害として痛みや姿勢の歪みにつながることがある。職場で不適切な姿勢で作業を続けていると，障害のない部分に負荷加重となり，痛みが生じる場合がある。このような二次障害は避ける工夫が必要である。

　つまり，メンタルヘルスや姿勢の管理に留意して，状態の悪化を避けることが大切になる。

（2）個別的に大切なポイント

　ここでは，共通するものではないが，①肢体不自由が重度な場合の「医療的ケア」と②中途で肢体不自由となった場合の「その受け止めと理解」を取り上げる。

a）医療的ケア

　肢体不自由が重度な場合に，呼吸や食べることに障害があり，咳で痰を排出したり，食べ物を嚥下したりすることが難しい場合がある。その

際には介護を受け，機器による痰の吸引や経管栄養などが必要になる。これらの対応が「医療的ケア」と呼ばれる。

　医師や看護師が行うことが原則であるが，学校や施設等においてそれ以外の者が一定の条件の下で実施できるようになっている。障害の重い人で，呼吸や摂食に困難がある人にとっては，生活していく上で欠かすことのできない日常的支援である。

ｂ）中途障害者の不自由さの受け止め，理解

　交通事故や労働災害で，四肢の切断や脊髄損傷が生じ，ある日，突然に肢体不自由になる場合がある。歩けなくなる，走れなくなるということ自体をどう受け止め理解するのか，これからの生活がどのようになるのか，不安と混乱に直面する。

　そのような混乱を受け止め，対応を理解する一つの手がかりが第14章の図14-1であり，否認・悲しみと怒り・均衡・再起の段階が想定されている。実際には，このように単純なものでなく，複雑に繰り返されるものと考えられている。しかしながら，心理専門職として，事故等の後で中途障害者を支援していく際には，大枠としてこのような心理的動揺とそれからの立ち直りがあることを念頭に置くことが必要になろう。

4．おわりに

　ここでは肢体不自由とは何か，その分類や原因となる疾患と，その特徴について紹介した。また，複雑な状態像を示す脳性まひについて，随伴する症状や心理的特性を取り上げ，さらに重度の肢体不自由に知的障害が伴ったりする重度・重複障害，重症心身障害の概要を述べた。それらを踏まえて，肢体不自由児・者の困難さと心理特性の理解のポイントを検討した。心理専門職として，その困難さと心理特性を踏まえた支援が期待される。

引用・参考文献

川間健之介（2017）．「肢体不自由の心理とその支援」，柿澤敏文（編著）『障害者心理学』pp. 123-129．北大路書房．

厚生労働省（2008）．平成18年身体障害児・者実態調査結果
　https://www.mhlw.go.jp/toukei/saikin/hw/shintai/06/index.html
　（2019年12月 3 日閲覧）

田中新正（2013）．「肢体不自由児・者の理解」，田中新正・古賀精治（編著）『障害児・障害者心理学特論』pp. 122-136．放送大学教育振興会．

徳永豊（2020）．「コミュニケーションの指導」，川間健之介・長沼俊夫（編著）『新訂 肢体不自由児の教育』pp. 147-159．放送大学教育振興会．

7 │ 肢体不自由者（児）の支援

藤野陽生

《**目標＆ポイント**》 肢体不自由者の支援においては，医療や福祉的支援が中心となるが，その中で，心理的支援が必要とされる問題について解説する。心理支援を考えていく上では，大まかに分けて，間接的支援と直接的支援が考えられるが，肢体不自由による日常生活上，社会生活上の困難に対して，生活全体を見据えて，多職種と連携をしながら支援を進めていく必要がある。
《**キーワード**》 肢体不自由，中途障害，アセスメント，心理支援

1．肢体不自由児者への心理支援

　肢体不自由の原因には，大きく分けて，脳性まひなどに代表される，先天性もしくは発達期早期の段階から始まる障害の場合と，脊髄損傷などのように，後天的に障害を負うこととなった中途障害の場合がある。
　肢体不自由者への心理支援は，医療や福祉などさまざまにある支援のうちの一つである。肢体不自由は身体の形態，機能の障害がある状態であり，支援の中心は医療や福祉的支援となるが，心理学的な観点からの支援が必要とされる場合もある。特に，事故や災害によって受傷し，脊髄損傷や四肢の切断喪失となった場合には，心理支援や心理的衝撃を和らげるための関わりが必要となることがある。そのような人々への心理支援としては，いくつかの観点が考えられるが，ここでは大まかに，アセスメントを基に必要な対応を検討し，肢体不自由のある人もしくは，その支援者に間接的に支援を行う場合と，心理的苦痛や精神症状の改善

を目的に肢体不自由のある人と直接に関わり，心理支援を行っていく場合の 2 つに分けて概説する。

2．アセスメントを中心とした間接的な支援

　肢体不自由のある人の心理的苦悩や精神症状などを直接に扱う訳ではないが，心理検査，認知機能検査などを用いた心理学的アセスメントに基づく支援がある。このような場合，アセスメントの結果を基に，支援者と連携する等して，支援計画などの作成を通じた間接的支援となる。

　学齢期の子どもであれば，学校で「個別の教育支援計画」や「個別の指導計画」を作成し，個別の障害の状態に応じて，その子どもの発達段階や卒業までに身に着けていくべき能力などを考えながら，必要な指導内容や生活支援を検討していくことになる。第 6 章でも解説のあった通り，肢体不自由児では，運動障害だけでなく，知的障害や言語障害，視知覚などを含む認知機能の特性が随伴する場合がある。子どもがどのような認知特性を持っているか，どのような機能状態にあるか，どのような活動であればできているかといった評価が，支援計画を作成していく上で有用な情報となる。また，発達段階に関するアセスメントを行うことによって，現在の発達段階を基盤とし，その後の到達目標を検討していくための資料を得ることができる。

　成人であれば，中途障害の場合，受傷後に認知機能や知的機能のアセスメントを行い，どのような状態であるのか，どのような機能が障害されていて，その障害をサポートするためには，どのような手立てがあるかといった支援を検討していくための基礎資料となる。交通事故などで頭部に強い衝撃があった場合には，事故直後には明確でなかった場合でも，後になってから認知・行動障害が発見される場合もある。また，復職を検討していく場合にも，実施可能な仕事内容や，職場で必要な支援

を検討していくために，アセスメントの結果が利用されることとなる。

　このようなアセスメントの観点をいくつか例をあげて紹介する。

（1）構造化されていないアセスメント

　面接や行動観察，家族からの聞き取りなどによるアセスメントの観点としては，日常生活に関する状況やコミュニケーションに関わるもの等がある。

a）日常生活に関する状況

　生活状況や日常生活動作（ADL：activities of daily living）がどのような状態にあるかを把握しておくことは，支援を検討していく上でも必須の観点となる。

　生活の中で必要な動作を，どのくらい自分自身でできているのか，どのくらい細かい手指の操作が可能なのか，生活場面でどのような支援が必要かといったことは，基礎情報として把握しておく必要がある。また，現在のリハビリテーションの状況や目標などを把握しておくことも有用である。

b）コミュニケーション

　言語でのコミュニケーションがどのくらい可能であるかによって，心理支援の方法が大きく変わってくる。子どもの場合は，コミュニケーションがどのような発達段階にあるのかも重要な観点である。成人の場合には，コミュニケーションに伴う不自由や，支援機器の利用，生活の場で他者とコミュニケーションをする機会がどのくらいあるかなども重要である。また，話の内容が本人の中ではつながっていても，文脈や説明がなく唐突であったり，話をするときにはいくつか段階を飛ばして話してしまったりなど，話し方に現れる特徴も対人関係の面と関わるアセスメントの視点となる。

　また，家族が同席している場合には，家族同士のコミュニケーションや，本人への関わり方なども把握しておくと有用であろう。

（2）構造化されたアセスメント

　構造化されたアセスメントの例としては，発達検査や知能検査，認知機能検査，診断面接などがある。ここでは，いくつかの領域ごとに，利用されることのある検査を紹介する。

　心理検査では，しばしば手指の操作が必要となり，肢体不自由者では実施が難しい場合もあるため，すべての者に利用できるわけではない。また，手指操作のために時間がかかるといったこともあり，検査結果は個々人の身体的機能状態を含めた上で，解釈する必要があることに留意しておきたい。

a）全般的認知機能・知的能力

　MMSE（Mini Mental State Examination）：認知症のスクリーニング検査として広く利用されているが，事故後後遺症の場合などに，見当識障害[*1]や基礎的な認知機能の障害を評価するためにも利用される。

　WAIS-IV 知能検査（Wechsler Adult Intelligence Scale-Fourth Edition）：多様な領域を評価することができる知能検査で，臨床で広く利用されている。15の下位検査で構成され，全検査IQ，言語理解，知覚推理，ワーキングメモリー，処理速度などの領域を評価できる。

b）注意

　トレイル・メイキング・テスト（TMT：Trail Making Test-A, B）：検査用紙に提示された数字を順につないでいく（TMT-A），あるいは，数字とひらがなを交互につないでいく（TMT-B）といった注意機能や遂行機能を評価する検査。

　標準注意機能検査法：聴覚的・視覚的ワーキングメモリーや単純な課

---

*1　日付や時間感覚，今現在自分が居る場所などがわからなくなる状態で，日常生活に支障をきたす。

題を処理していく速度など，注意に関するさまざまな検査が含まれた高次脳機能検査。

c）記憶

　WMS-R ウエクスラー記憶検査（Wechsler Memory Scale-Revised）：聴覚と視覚を利用した記憶課題で構成され，言語性記憶，視覚性記憶，注意／集中力，遅延再生といったいくつかの領域で，詳細に評価することができる。

　日本版 RBMT リバーミード行動記憶検査（The Rivermead Behavioral Memory Test）：リハビリテーションの評価によく用いられ，日常生活で記憶障害が問題となる場面を検査場面で設定し，日常生活に近い状態で評価するよう工夫されている。

d）遂行機能＊2

　ウィスコンシンカード分類テスト（WCST：Wisconsin Card Sorting Test）：カードに描かれた図形等を見て，決められた規則に沿って，分類していく検査。誤りに対するフィードバックによって，効果的に自らの反応を計画，制御していくことが求められる検査。

（3）支援につなげる

　このような聞き取りや観察による評価，心理検査などの構造化されたアセスメントを用いて，その人の支援に必要な情報を，本人，連携する支援者や家族に対して伝えていくことが必要となる。

　例えば，子どもの場合であれば，病院の医療スタッフ以外に，特別支援学校や特別支援学級の教員，デイサービスのスタッフ，保護者などと連携をしていく可能性がある。学校であれば，子どもに学習指導を行っていく場合に，アセスメントから得られた認知特性などの情報を基に，支援を計画していく。コミュニケーション上の特性を踏まえて，どのよ

＊2　遂行機能とは，目的を達成するために必要な行動を計画し，必要な行動の制御などを含む，高次の認知機能のこと。

うな補助手段を使っていけば良いか，学級の友だち同士の関わりにおいて，どのようなサポートが必要か，といったことを伝えていくことで，それぞれの支援者をサポートすることができる。このような連携が，子ども本人への支援につながっていくことになる。

　成人の場合には，中途障害により肢体不自由となった人では，自身の状況をなかなか受け止めきれず，リハビリテーションなどの支援に対して消極的であったり，反発を感じたりすることもある。その場合にも，医療スタッフとともに，現在の患者の状態や課題を共有しておくことで，その患者に対して共感的に関わってもらいやすくなる。また，認知機能障害がある場合には，現在の機能状態であれば，どのくらいのことができると考えられるか，仕事に復帰する際には，仕事上の作業を行う上で，どのようなサポートや体制が必要となるか，人間関係ではどのようなことに配慮することが有用かといった観点から，家族や，必要に応じて職場の担当者と話し合っておくことは，支援機関から離れた後にも，支援をつないでいくために重要である。

　運動障害自体は，画像診断や機能評価で判断しやすく，医療的にも治療やリハビリテーションが実施されていく。身体機能の障害は，動作や外見から観察できるので周囲の人にも理解されやすい一方で，高次脳機能障害は，周囲から理解されにくい部分でもある（永井，1999）。そのため，関係者に支援の必要性を理解してもらうために必要な情報を提供していくことも，支援の一環として求められる役割であろう。

3．直接的な心理支援

　中途障害の場合には，身体的状況は外傷を受けた時点からはある程度の段階まで徐々に回復していく一方で，状況が次第に把握されるようになってくると，さまざまな心理的反応が生じてくる。そして，そのよう

な中で不安や葛藤，障害の受け入れ難さなど，さまざまな感情が生じうる。受傷して間もない時期は，手術やリハビリテーションなどの医療的支援が中心であるが，必要に応じて心理士が支援に入ることもある。本節では，心理支援におけるテーマとなることのあるトピックとして，障害に関わる葛藤や障害の受け止め方について取り上げる。

（1）障害を負ったことへの葛藤

　受傷直後の生命にリスクのある状態から，身体的状況が落ち着き，元の生活へ戻っていくための最初の段階では，自分自身の状態について知り，以前とは変わってしまったものについて知ることが必要となる。運動障害が残った場合には，移動や日常生活動作を行うために，リハビリテーションを通じて，脚や腕の新たな動かし方やスキルを学習し，新たな道具を使うことを覚え，それを日常生活の一部としていくことが求められる。

　治療によって身体的状況はある程度落ち着いてきた状態であっても，心の整理が追い付かず，頭では説明された現実の状況や症状などを理解していても，実感がないように感じられたりすることも稀ではない。そのような戸惑いや不安を理解し，本人の思いを聞きながら関わっていくことは，関係性を作っていく上でも，その後の支援を検討していく上でも重要なことである。中途障害では，高所からの落下や何らかの事故がきっかけとなることも多いが，自分自身に過失の無い事故に被害者として巻き込まれたような場合には，自身の負った障害が元には戻らない，そのような状態に置かれてしまったことを受け入れられないことは，当然起こりうることである。

（2）自立と依存

　肢体不自由となった場合には，自らには身体的な面で，そして経済的，心理的に他者の助けを得ながら生活していく部分がある。そのように他者に頼る，依存しているといったことへの葛藤を抱えることも多い。成人であれば，特にそれまで生きてきた過程で「自分のやり方」が確立されていて，自己決定や自立を重要視していた人であれば，人からの援助や支援，他者から提案された方法を受け入れること自体に非常に強い葛藤を伴うこともある。

（3）障害をどのように受け止めるか

　中途障害では，自身の負った障害をどのように受け止めていくのかといったことは，しばしば大きな課題となる。

　障害を負って動かなくなった，あるいは思ったように動かない自身の身体が，どこか自分のものではないように感じられたり，異物感をもって感じられたりすることもある。感覚まひがある場合には，人から触れられたり支えられたりしてもその感覚がないことに，言いようのない違和感を覚えたり，そのことによって自身の“まひ”を実感する経験となるかもしれない。また，受傷に伴って，肢体不自由だけでなく，切断などで失った手足が痛むように感じられる幻肢痛や，身体の慢性の痛みなど，それまでは想像しなかったような体験をする場合もある。

　自分自身のアイデンティティも変化を迫られるかもしれない（南雲，2002）。肢体不自由により自身のボディ・イメージも変化し，自分自身に抱いていた自己イメージが変化していくなかで，自分がどのような人間であるのか，障害を負った自身をどう受け止め，ボディ・イメージや自己イメージを再構築していくのかということは，心理的にも大きな課題となる。

　例えば，交通事故により肢体不自由となり，両下肢のまひが残っているにもかかわらず車いすで積極的に外へ出て行き，自身の経験を基に社会的に活躍する方も多くいる。しかし，そのような方であっても「また自分の足で歩きたい」，自分の障害を否定したいという思いが語られることもある。たとえ，障害を「受容した」「乗り越えた」とされる場合であっても，障害に対する思いが，すべてポジティブなものに変化していく訳ではないことに，支援者の側も留意しておきたい。

（4）周囲や社会との関係性

　そのような個人の障害の受け止め方には，社会的サポートや収入などの生活環境，個人のパーソナリティなどが影響している（American Psychological Association，2012）。そして，その個人だけではなく，その人を取り巻く社会や周囲の人との相互作用で，その人の状態（肢体不自由）が社会的不利や活動制限につながっているのか，といった視点を持っておく必要がある。

　受傷後，病院から退院するまでは，入院生活で活動制限がある一方で，周囲はクライエントの状態をよく理解している保護された環境でもある。しかし，病院から退院した後には，現実生活の中で，以前とは変わってしまった自分や周囲との関係性，新たな生活を構築していかなければならないことに直面することとなる。その中で，「以前はごく当たり前にしていたことができない」「こんな状態で，これからどうなってしまうのか」「なぜ周りは自分の大変さをわかってくれないのか」といったさまざまな情緒的な動揺を経験し，改めて自身の生活が大きく変わってしまうことに大きな衝撃を受けることもある。また，人間関係や所属するコミュニティも変化していくかもしれない（盛田，2007）。そして，今後の生活をどのようにしていくのか，これまでのように社会の

一員として生活していくことができるのか，さらには，このような状態で生きている価値があるのか，といった深刻な問いを抱くこともある。

　受傷後や退院後しばらくしてから，抑うつや行動上の問題が生じる場合もある。また，そのような精神的苦痛を緩和するための対処行動として，アルコールに頼るといった場合もある。そのような行動は，自身のやりきれない思いに対処するための行動であることもある。このような対処によって，短期的には不安や抑うつから解放されるが，依存的になっていくと，アルコール関連の問題行動や周囲との関係悪化につながってしまうリスクが高まるため，注意が必要である。

（5）心理支援で求められること

　例えば，以前は活動的だったが，下肢に運動障害が起きてしまった人がいる。その人は自身では脚をほとんど動かすことができず，「これではもう仕事に行くことができない」「この先，ずっと人生の楽しみだった旅行にも行くことはできないのだ」と考えたとしたら，その背景には「"障害"を負ってしまった以上，○○はできない」といった考えがあるかもしれない。脚がほとんど動かせないということは事実であっても，「足で歩く」以外に車いす等，他の手段を使って仕事や旅行に行くことはできる。また，ある側面では，ここで語っているのは物理的に移動ができないという意味ではなく，「周りから自分がどのように見られるか不安だ」「周囲の人達が持っている自分への期待に応えられないことに耐えられない」などの思いを語っているのかもしれない。

　肢体不自由があるために，支援者の側も物理的環境や移動支援に目が向きやすいところはあるが，クライエント自身がどのように感じて，何を苦しいと感じているのかといったことに耳を傾けていくこともまた必要である。そして，受傷したことに関して何らかの意味付けをして，人

生の中で肯定的に捉え直そうと試みたり，あるいはそれが否定的な方向
に揺らいだりといったように，両価的な思いを抱えながら少しずつ変化
していくこともある（田垣，2014）。それらは日常生活における体験と
して語られたり，家族や子どもとの関係，社会とのつながりの中で語ら
れたりと，その文脈によってさまざまに経験される。治療者はクライエ
ントの障害の意味づけを固定的に捉えてしまうのではなく，変化しう
る，動的な経験であることを理解していくことが必要であろう。

　カウンセリングや服薬が助けとなる人もあるが，身近な人々や家族が
支えとなって救われるということも多い。個別の心理療法やカウンセリ
ングなどの心理支援を考えていく上では，クライエント自身に今の問題
に障害がどのように関連しているのかを確認しておくことは有用である
（American Psychological Association, 2012）。そのような認識を共有す
ることで，治療者にとってはクライエントが自身の問題をどのように受
け止め，体験しているのかを共感的に理解するための助けとなる。それ
らは，個人の心理的作業というだけではなく，社会的にあるいはその人
の生活するコミュニティにおいて，「障害」がどのように受け入れられ
ているか，どのような状況で生活をしていくことになるのかに大きく左
右される。したがって，単に個人の問題として見るのではなく，社会的
制約があることを念頭に置いたうえで，その個人がどのように受け止め
ているのか，ということを考えていく必要がある。

　面接における実際的な工夫として，脳性まひなどの場合は言語コミュ
ニケーションに困難があるケースもあり，通常の言語面接などが困難で
コミュニケーションの支援機器が必要となる場合もある。認知機能の特
性から，話した内容を要約的に理解することが難しい場合には，治療者
の方が要約を書き出して提示するといったことも配慮として必要になる
かもしれない。また，長時間座った姿勢を保持しておくことが難しい場

合には，面接時間をどのように設定するか（例：時間を短くする，休憩をはさむ）などについて相談しておくことも必要となる。

　肢体不自由者への心理支援を行っていく際には，障害や障害を負ったことに対する個人個人の反応は，それぞれに違っているということを十分に認識しておく必要がある。そして，その上で，心理支援を求めている場合には，その問題が本人にとって障害のことと直接関わる問題と感じているのか，障害とは直接は関係のないことと感じているのかといったことなど，クライエントのニーズを確認しながら，支援を共に考えていくことが求められる。そして，心理支援だけでなく，その人の生活や社会参加の制限に関する状況を把握しながら，必要に応じて医療や福祉との連携を含めて，支援を計画していくことが重要である。

引用文献

American Psychological Association (2012). Guidelines for assessment of and intervention with persons with disabilities. *The American Psychologist*, 67(1), pp.43-62.

盛田祐司（2007）．「中途身体障害者の心理的回復過程におけるライフストーリー研究―個人的・社会的側面による仮説的モデル生成の試み」『質的心理学研究』6，pp. 98-120.

永井肇（監）（1999）．『脳外傷者の社会生活を支援するリハビリテーション』中央法規.

南雲直二（2002）．『社会受容―障害受容の本質』荘道社.

田垣正晋（2014）．「脊髄損傷者のライフストーリーから見る中途肢体障害者の障害の意味の長期的変化：両価的視点からの検討」『発達心理学研究』25(2)，pp. 172-182.

参考文献

ハーヴェイ，ジョン・H.（著），和田実・増田匡裕（訳）（2003）．『喪失体験とトラ
ウマ―喪失心理学入門』Give Sorrow Words：Perspectives on Loss and Trauma.
Harvey, JH. (2000). 北大路書房.
　（病気や事故による喪失体験がどのようにその人の人生に影響していくかについ
てまとめられた書籍。人の人生におけるさまざまな喪失を考える上で参考とな
る。）
木舩憲幸（2011）．『脳性まひ児の発達支援：調和的発達を目指して』北大路書房.
　（脳性まひ児への発達支援について，初期の身体発達や動作発達支援などについ
ても解説されている。）

8 | 身体疾患のある者（児）の理解と支援

藤野陽生

《**目標＆ポイント**》　人は生活していく上で，さまざまな病気を経験する。その病気が慢性疾患の場合には，比較的長期にわたって，治療や生活規制が必要となる。本章では，身体疾患のある者の体験理解，心理支援に関わる内容を理解することを目標とする。また，そのような疾患の具体例として「がん」を取り上げ，心理専門職に求められる役割について概説する。さまざまな病気により生活制限などが必要となる者に対する理解に必要な観点を紹介し，彼らの心理社会的課題および心理支援として，必要な観点について説明する。
《**キーワード**》　身体疾患，病弱，悪性腫瘍，心理支援，QoL

1．身体疾患と障害

　人が生活をしていく上では，さまざまな病気に罹ることがある。そうなると，多くの人はその症状の改善を求めて，病院を訪れる。その結果，病気が診断され，病状の説明がされ，治療を行っていくことになる。これらの病気は，一定期間治療を行うことで，症状が軽快し，治癒していく。こうした場合は，病気が急速に発症し，多くの場合は原因が明確であり，比較的短期に治療が完了するものである（インフルエンザなど）。

　その一方，慢性疾患はいくつかの原因が複合的に関与して発症し，比較的症状が長期に渡ったり，再発を繰り返すような経過をたどることとなる。このような疾患では，「寛解」といって，治療によって症状が表

れない時期はあるものの，病気が完全に治癒することは難しい場合が少なくない。

したがって，そのような慢性疾患を抱えながら，どのように生活をしていくのか，どのように疾患を受け止め，付き合っていくのかといったことを考えていくことになる。特に，難病とされる疾病では，その疾病の治療法が確立しておらず，長期間にわたって療養が必要となる。そのような身体疾患を抱えながら生活していくことは，その個人の生活の質（QoL：Quality of Life）にも大きく影響することになる。

（1）「障害」としての身体疾患

法律上は，身体障害者福祉法の規定する身体障害者に含まれるものとして，視覚や聴覚の障害，肢体不自由などの他，「心臓，じん臓若しくは呼吸器又はぼうこう若しくは直腸，小腸，ヒト免疫不全ウイルスによる免疫若しくは肝臓の機能の障害」が規定されている。他にも，「障害者基本法」に規定される「その他心身の機能の障害」に，難病の患者などが含まれている。

学齢期の子どもの場合には，「病弱児」として，特別支援学校や特別支援学級で教育を受けるなどの配慮がなされてきた。第2章などで記載されているように，教育領域における障害の区分として視覚障害，聴覚障害，知的障害，肢体不自由に加えて，病弱がある。「病弱」とは，一般的な用語であるが，心身の病気のため継続的あるいは断続的であっても繰り返し医療や生活の規制（生活の管理）を必要とする状態を表す際に用いられている。「病弱」の子ども達は，病気の治療のために入院をしたり，外来で治療をしながら学校生活を送っていくこととなる。

（2）身体疾患の例

　一口に病気といっても，その症状は疾患によって多様で，さまざまな病態が含まれる。表8-1では，心理士が関わることのある病気を含めた各種疾患の例をまとめて示している。**表8-1では一部の疾患を示し**ているが，当然ながらこれ以外にも多様な疾患が含まれうる。以下では，その中から，いくつかを取り上げて説明する。

a）気管支喘息

　気管支喘息は，発作性に喘鳴（ぜんめい）を伴う呼吸困難を繰り返す疾患である。喘鳴とは，息を吸ったり吐いたりする際に，気管が狭まって，ヒューヒュー，ゼーゼーといった音が聞こえる状態である。気管支の慢性的な炎症に加えて，アレルゲンや急な運動，ストレスによって炎

表8-1　心理士が関わる可能性のある病気の例

分類	病名
悪性腫瘍・悪性新生物	胃がん，乳がん，白血病
循環器系疾患	虚血性心疾患，心不全
呼吸器系疾患	気管支喘息，慢性閉塞性肺疾患
皮膚・結合組織疾患	アトピー性皮膚炎，帯状疱疹
消化器系疾患	逆流性食道炎，肝炎
代謝系疾患	糖尿病，脂質異常症
内分泌疾患	甲状腺機能亢進症（バセドウ病），甲状腺機能低下症
腎・泌尿器系疾患	腎不全，排尿障害
神経・筋疾患	てんかん，筋萎縮性側索硬化症（ALS）
免疫不全	ヒト免疫不全ウイルス（HIV）感染，後天性免疫不全症候群（AIDS）
慢性の痛み	線維筋痛症

ALS：amyotrophic lateral sclerosis；HIV：human immunodeficiency virus；
AIDS：acquired immunodeficiency syndrome

症が悪化し，空気の通り道となる気管支が狭まり，急に呼吸が苦しくなる発作を繰り返す。吸入ステロイド薬等により気管支の炎症を抑える治療を行っていく。ストレスなどの心理的要因によっても悪化しやすく，心身症的な側面ももつ疾患である。

b）糖尿病

　糖尿病は，膵臓のβ細胞で作られるインスリンというホルモンの分泌が障害され，血液中の血糖値が高い状態となってしまう疾患である。高血糖が続くと，さまざまな合併症につながるため，日々のセルフマネジメントが重要となる。大きく分けると，比較的小児で多い１型糖尿病と，糖尿病の大半を占める２型糖尿病がある。治療には，血糖値の測定，食事療法や運動療法，服薬や自己注射といった多様な自己管理が求められる。特に，１型糖尿病の患者では，毎日インスリンの自己注射が必要となるため，セルフケアに関する負担感が大きいこともしばしばある。合併するうつ状態，気分の落ち込みなどによって，セルフケアが悪化するなどの問題が生じることもある。

2．身体疾患のある人の体験

　身体疾患のある人にとっては，自身の抱える疾患の病状や治療状況によって，自身の気持ちが大きく左右される。病気が軽快して症状も軽くなってくると，気持ちにも余裕が出てきて活動的になってくる。しかし，病状が改善しない状況が続いている，あるいは，病状が悪化していると，治療を行って病状を改善するために努力をしていても，自分のやっていることに意味が感じられず，落ち込んでしまうこともしばしば生じる。

　重篤な病気を抱えることは，その個人にさまざまな心理的反応をもたらすことになるが，その影響は，病状だけでなく，本人が病気をどのよ

うに認識し，理解しているのかにも大きく左右される。病気の受け止め
方や病気のことをどのように理解していくのかは，発達段階により大き
く異なる。

　子どもの場合には，発達段階により病気の理解のされ方や受け止め方
が異なる。幼児期の子どもでは病気自体を十分に理解できず，「病気に
なったのは自分が悪いことをしてしまったからだ」といったように自分
のした行為に対する罰として与えられたといった空想を抱いていること
もある。もう少し年齢段階が上がり，小学生くらいになると，自身の病
気が外的な要因によって起こることが理解されるようになり，大まかな
イメージをもつことができるが，病気の特性を十分に理解することは難
しい。しかし，家庭や学校生活の中で，自分自身のケアを自ら担ってい
く部分が徐々に増えてくるとともに，病気との付き合い方や，自分なり
の受け入れ方を模索していくようになる。

　思春期の時期は，一般的にもさまざまなストレスが高まり，精神的に
も不安を抱えやすい時期である。そのような状況から，それまでは安定
していた病気のコントロールが悪化する，病状によって気分が左右され
る等の影響が強く表れてくる場合がある。周囲から自身がどのように見
られているか，評価されるかということに関心が強まり，その中で自分
の病気を過度に悪いものとして評価したり，周囲の友人等に病気による
大変さや辛さを理解してもらえないことに強い苦悩を抱えることもある
（田中，2015）。また，病気によって周りの友人とは違ってしまってい
る，自分だけが違うといった孤立感を感じたり，周囲から排除されてい
るという感覚をもつこともみられる。

　成人の場合には，これまで積み上げてきた自身の人生や仕事上のキャ
リア，将来設計や未来の見通しが病気によって大きく影響されることに
よって，さまざまなショックや怒り，悲嘆といった感情が起こり，精神

的苦悩を抱えることもある。そのような中で，徐々に病気に対する知識や理解をベースとして，自分なりの病気への対処の仕方を模索していくこととなる。

　そのような患者の姿は，それを間近で見ている家族にとってもしばしば辛いと感じられる経験となる。以前の元気であったときの姿を思い出して，失われてしまったかつての子どもの姿，「得られるはずであった将来」が失われたと感じ，そのような状況を受け入れられず，本人とどのようにその事実を話していけばよいのか戸惑い，悩むことも少なくない。それは特に病状が重く，進行が急激である場合に，より重大な問題となる。また，病気が遺伝性の遺伝子疾患の場合には，その病気について話す上で両親が強い葛藤を抱えることになることもしばしばあり，専門医との連携の下に本人や両親への遺伝カウンセリングなどを含めた支援が検討されることもある。

3．がん医療における心理的理解と支援

　心理士の関わることの多い代表的な病気として，「がん」を取り上げて，がん医療における心理的課題を概観する。

（1）がん・悪性腫瘍

　がんは，悪性腫瘍，悪性新生物などとも呼ばれる疾患の総称である。がんは，何らかの理由により正常な遺伝子が傷つき，異常な細胞が増殖していった結果，異常増殖したがん細胞が正常な細胞と置き換わっていってしまう病気である。かつては「死に至る病」として，がんになってしまったら多くが亡くなってしまうといったイメージがあったが，近年では医療の発展とともに，標準治療が広く行われるようになり，治療可能な疾患となってきている部分もある。しかし，小児において，悪性

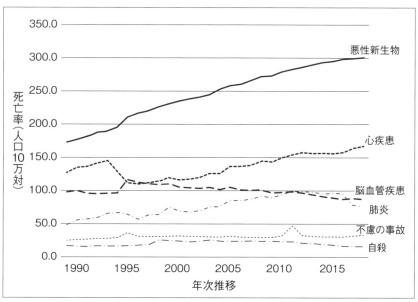

図8－1　主な死因別にみた死亡率（人口10万対）の年次推移
（厚生労働省「平成30年（2018）人口動態統計月報年計（概数）の概況」（2019）より
作成）

　腫瘍は不慮の事故や自殺，先天性の疾患を除くと病死原因の第1位であ
る。そして，40歳代以上の成人では死亡原因の第1位を占めている（厚
生労働省，2019）。治療の可能性が高まってきたとはいえ，がん医療は
現代社会における主要な医療課題の一つとなっている。
　さて，一口に「がん」といっても，さまざまな種類の悪性腫瘍があ
る。小児がんは生活習慣とはあまり関係なく，乳幼児から思春期，若年
成人まで幅広い年齢に発症し，希少で多種多様ながん種からなる。**表
8－2**で示したように，0歳から14歳の子どもでは血液などをつくる骨
髄やリンパ節から発生する「白血病」や「リンパ腫」「脳腫瘍」「神経芽
腫」などが多くを占めている。それに対して成人の悪性腫瘍では，「胃

表8-2　主要ながんが全体に占める割合

年齢帯	第1位	第2位	第3位	第4位	第5位
0～14歳 (男女合計)	白血病 (38.1%)	脳腫瘍 (16.1%)	リンパ腫 (9.2%)	胚細胞腫瘍 (7.6%)	神経芽腫 (7.4%)
30～39歳 (男女合計)	乳がん(女性) (21.8%)	子宮頸がん(女性) (12.8%)	胚細胞腫瘍 (8.5%)	甲状腺がん (8.0%)	大腸がん (7.8%)
全年齢 (男性)	胃がん (18.2%)	前立腺がん (15.9%)	肺がん (15.2%)	大腸がん (14.5%)	肝臓がん (5.9%)
全年齢 (女性)	乳がん (20.4%)	大腸がん (14.9%)	胃がん (11.8%)	肺がん (10.3%)	膵臓がん (4.5%)

(Katanoda et al. (2017), 国立がん研究センター (2016) より作成)
全年齢は若年者も含むすべての年齢帯の合計であるが, 全体のほとんどを成人が占めているため, 概ね成人のがんの割合を反映している。

がん」や「大腸がん」「肺がん」など特定の臓器にできる固形の腫瘍が多くを占めており, 性差も大きい。成人と小児では同じ悪性腫瘍であっても, 病気の特性, 病状の経過や将来の治癒の見込みなどが大きく異なっている。

(2) がん患者への心理社会的支援

　社会的には2006年に「がん対策基本法」が制定され, がんに対する治療研究や社会的制度の整備を進めていくことが盛り込まれた。さらに, がん対策基本法に基づいて2012年に策定された「がん対策推進基本計画」において, 「精神心理的苦痛に対するケアを推進するため, 精神腫瘍医や臨床心理士等の心のケアを専門的に行う医療従事者の育成に取り組む」方向性が示された。そのような中で, 身体的苦痛だけでなく心理的苦痛に対するケアを含めた全人的医療を進めることが強く求められている。この基本計画の中で心理専門職が明確に位置付けられたこともあ

り，近年は緩和ケアチームなどにおいて，心理専門職として役割を果たすことが求められてきている。また，小児の場合には「患者とその家族に対する心理社会的な支援」が求められ，患者である子ども自身だけでなく，その子どもを支える家族（親，兄弟・姉妹）を含めた家族支援が必要となっている。

　その後，がんを取り巻く医療・社会的状況の変化を踏まえて，2016年に改正された「がん対策基本法」改正法では，成人のがん患者が病気を抱えながらでも働き続けられるよう配慮することなどが盛り込まれ，長期にわたって治療を行いながら生活をしていく「慢性疾患」にもなりつつある。治療法の開発も活発に行われ，従来の薬剤とは異なる治療機序をもつ「免疫チェックポイント阻害薬」なども開発が進み，がんを取り巻く医療は常に変化している。

　このような医療の発展（例：治療法のない病気が治療可能となる）や社会制度の変化（例：治療への支援制度の拡充）によって，病気に伴う経験は変化していく部分もあり，心理士もクライエントの理解や支援のために患者を取り巻く医療に関する情報を得ていくことが求められる。

　ここまで見てきたように，がんの診断から治療，社会生活のさまざまな面で，心理的な理解や支援が必要とされる場面がある。このようながんに関わる問題を背景として，サイコオンコロジー（Psycho-Oncology；精神腫瘍学）という，腫瘍に関する学問である腫瘍学（Oncology）と心理学（Psychology）とを合わせた学問領域も生まれ，がん領域における心理学的理解と心理学的支援の重要性が広く認識されるようになってきた。サイコオンコロジーの扱う領域はがん患者とその家族の心理的，社会的，行動的側面を中心として，がんと心理的反応との相互作用などが広く含まれている（岩満，2015）。

（3）心理専門職に求められること

現在のがん治療では，手術，放射線治療，薬物療法（化学療法など）が中心となっている。そのような治療を行っていく中では，身体症状を基盤として，それらに影響された精神症状，心理的反応，実存的問題など，いくつかの観点をもって心理士としてのアセスメントや心理支援を行っていく必要がある。

例えば，脳腫瘍がある患者さんでは病状によって意識障害（意識がはっきりせず，会話や思考が混乱しているなど）をきたすこともある。また，手術や化学療法といった治療に伴って，せん妄[*1]などの精神症状が生じる可能性も知っておく必要がある。

治療や再発といった病気の経過の中で，自身の将来への不安や家族の将来に対する心配，受け入れ難さなどのさまざまな心理的反応が生じる。治療法の選択について決断をしていった場合であっても，後から「自分の選択は正しかったのだろうか」「これを続けていっても変わらないのではないか」「このようなことを続けていくことに本当に意味があるのだろうか」といった迷いが生まれ，不安が高まる時期もある。また，がん患者の自殺率が高いことも重大な問題の一つとなっている。日本では，がんの診断後1年以内の自殺が多いという報告があるが（Yamauchi et al., 2014），がん診療に携わる医師等の医療従事者を中心としたチームで，がん患者の自殺を含めた問題に取り組んでいくことが求められている。

4．身体疾患のある人への心理支援

身体疾患のあるクライエントに関わる場としては，総合病院や精神科以外の診療科におけるものが多いが，大学の相談室等に身体疾患のある方が相談に訪れたり，スクールカウンセラーとして関わることになった

[*1] せん妄とは，脱水や電解質異常などの身体の異常によって生じる症状で，記憶障害や認知障害などさまざまな症状がある。

子どもが疾患をもっている等の状況もある。

　病気の治療のために入院している患者に対して心理面接やカウンセリングなどの心理支援を提供する場合には，特に他職種との情報共有や連携が強く求められる。守秘義務がある中でも，心理士がクライエントである患者の情報を抱え込むのではなく，チームの中でその人の支援を進めていくために適切に情報を共有し，チーム医療の一員として役割を担っていくことが求められている。

　病気には，がんなどの患者数の多い疾患もあれば，筋ジストロフィーなどの希少疾患までさまざまなものがある。患者数の多い疾患は社会的にも病気のイメージがあり，医療機関や社会において情報の窓口が整備されてきている。その一方で，希少疾患の場合には，病名を聞いただけではイメージをもつことができず，「何か怖い病気」といったイメージが先行してしまう場合がある。患者数が少ないことから体系的な情報も十分になく，その病気を抱えた人や家族がどのように生活をしているのかなど，患者やその家族の求める情報が不足している場合が少なくない。そのような場合に周囲に情報を求めることができずに孤立感を感じたり，情報を得られないことで家族が自分たちの行っているサポートに自信がもてず，不安なまま続けていくしかないといった場合もある。そのような場合に，家族会や患者会といった同じ病気の人とのつながりが支えとなることもある。

　このように病気に関する知識は，自身の生活管理において重要なだけでなく，自身が病気のことを受け止めていくプロセスにおいても重要である。しかし，病気が想定よりも重篤なものであった場合，伝えられた内容に本人や家族がショックを受けることも多い。特に，初めて病気の説明をされる時には，疾患が重篤である場合ほどその心理的ショックが大きい。医療者が誤解のないように最大限努力して説明をした場合で

あっても，その情報が適切に理解されていなかったり，場合によっては
まったく伝わっていないといったことまで起こりうる。心理的ショック
のために説明された内容を十分に受け止められず，「ほとんど覚えてい
ない」「頭が真っ白になって，聞いた記憶はあるが内容は覚えていない」
と話されることも少なくない。

　本人や家族が心理的ショックを受けると考えられる場合には，説明時
から心理士が同席し，説明をどのように受け止めているか，十分に理解
できているか，フォローできる体制を構築している場合もある。

（1）心理支援を行っていく上での課題

　クライエントが病気の治療のために入院している場合には，病状に左
右される中で，定期的に面接を行うことが難しい場合も少なくない。
ベッドから離れることが難しい場合は，病室のベッドサイドで面接を行
うこともある。その場合には，通常の相談室で行われている1回50分程
度の面接よりも短い時間設定の中で実施されることが多い。病室は4〜
8名程度の相部屋であることも多く，その場合にはプライバシーの問題
をどのように扱い，関わっていくかといったことに多くの工夫が必要と
される。病室が個室の場合であっても，病状や検査等のために定期的に
看護師等医療従事者の出入りがあるために，通常の相談室での面接とは
形態が大きく異なることも少なくない。

　また，「不安が高まっているので一時的に心理士に入って支援しても
らいたい」といった医療者からの要望に対応する場合もあり，短い場合
には1回〜数回程度の短期的な関わりとなることもある。また，入院か
ら外来へ移行した場合には，関わりを継続することが難しくなるため
に，どのくらいの期間関わることができるのか，目標の設定をどのよう
に行っていくのか（例：短期的な不安の軽減や決断の支援を目指す，あ

るいは長期的な支援を目指す）によってもその関わり方は異なってく
る。そのため病棟で働く心理士は，そのようなさまざまな条件の中で，
スタッフ間で心理支援の位置づけについて共通理解を得て，職務を行っ
ていくことが求められる。

　このように心理士の支援としては，個人の面接だけでなく，医療チー
ムの一員としてクライエントに関わる特定の仕事を担っていくといった
場合もあり，その関わりは多様である。身体疾患のある人の理解や支援
を考えていく上では，病気に関わる知識や社会制度，通常起こってくる
心理的反応に関する理解をもとに，チーム医療や他領域の専門家とのコ
ミュニケーションを適切に取りながら支援を計画していくことが求めら
れる。

引用文献

岩満優美（2015）．「サイコオンコロジー研究—がん患者の心理特性，心理的苦痛お
　よび心理療法について—」．『健康心理学研究』27，pp. 209-216.
Katanoda, K., Shibata, A., Matsuda, T., Hori, M., Nakata, K., Narita, Y., … Nishimoto,
　H. (2017). Childhood, adolescent and young adult cancer incidence in Japan in
　2009-2011. *Japanese Journal of Clinical Oncology*, 47(8), pp. 762-771.
国立がん研究センター（2016）．国立がん研究センターがん情報サービス「がん登
　録・統計」．
厚生労働省（2019）．平成30年（2018）人口動態統計（確定数）の概況．
厚生労働省（2019）．平成30年（2018）人口動態統計月報年計（概数）の概況．
田中恭子（2015）．「医療における子どもの権利—ライフステージに沿った子ども療
　養支援」．『小児保健研究』74(1)，pp. 36-41.
Yamauchi, T., Inagaki, M., Yonemoto, N., Iwasaki, M., Inoue, M., Akechi, T., … JPHC
　Study Group (2014). Death by suicide and other externally caused injuries fol-

lowing a cancer diagnosis : The Japan Public Health Center-based Prospective Study. *Psychooncology*, 23(9), pp. 1034-1041.

参考文献

エリザベス・キューブラー・ロス（著），鈴木晶（訳）（2001）．『死ぬ瞬間―死とその過程について』Kübler-Ross, E. (1969) On death and dying. 中央公論新社.
　（精神科医でもあった著者がまとめた，がん患者が病気を否認し，受け入れていく過程について記述した書籍。現代の医療状況は大きく変わっているが，病者の心理的経験を理解する参考になる。）
松浦俊弥（編）（2017）．『チームで育む病気の子ども―新しい病弱教育の理論と実践』北樹出版.
谷川弘治・駒松仁子・松浦和代・夏路瑞穂（編）（2009）．『病気の子どもの心理社会的支援入門―医療保育・病弱教育・医療ソーシャルワーク・心理臨床を学ぶ人に』ナカニシヤ出版.
　（医療領域で，どのような知識や働きが期待されているかなどを理解するうえで参考となる。）
松井三枝・井村修（編）（2018）．『病気のひとのこころ―医療のなかでの心理学』誠信書房.
　（さまざまな病気の人の心理学的理解について解説した書籍。心理職だけでなく家族にも参考となる内容が含まれている。）

9 │ 精神障害者（児）の理解と支援

藤野陽生

《**目標＆ポイント**》 精神疾患のある者の心理社会的課題と支援の概要を解説する。精神障害や情緒障害とはどのような状態が含まれるのかについて概説し，その分類や診断について，アメリカ精神医学会や世界保健機関の診断分類を紹介する。それらの診断分類を基に，子どもと成人の場合についていくつかの精神疾患を取り上げ，その基本的内容を説明する。
《**キーワード**》 精神疾患，情緒障害，心理支援

1．精神障害とは

（1） 精神障害の定義

　精神障害（精神疾患）とは，脳の器質的変化や機能的障害，生物学的障害，心理的反応あるいは化学物質による障害によって，何らかの精神症状，行動の変化，心理的苦痛が生じ，それらによって，日常生活や社会生活が制限されてしまうものをいう。それぞれの精神疾患には特徴的な症状があり，精神障害の代表的なものには，統合失調症，うつ病，不安症，心的外傷後ストレス障害（PTSD：Post Traumatic Stress Disorder）などがある。生涯のうちに，何らかの精神疾患を診断される状態となる割合（生涯有病率）は約20％と推定され，現代の日本において一般的に起こりうる問題となっている（Ishikawa et al., 2016）。

　本章では，精神障害の代表的なものとしていくつかを取り上げて解説していくが，精神障害に含まれる範囲は，法律や文脈によってさまざま

である。例えば法律における精神障害の定義をみてみよう。「精神保健及び精神障害者福祉に関する法律」(精神保健福祉法)では,「精神障害」について「この法律で「精神障害者」とは,統合失調症,精神作用物質による急性中毒又はその依存症,知的障害,精神病質その他の精神疾患を有する者をいう」と定義されている。この定義では知的障害を含んでいるが,「障害者基本法」では,障害者についての項で,「身体障害,知的障害,精神障害(発達障害を含む。)その他の心身の機能の障害(以下「障害」と総称する。)がある者」と規定され,知的障害が精神障害とは区別されていることがわかる。また,精神疾患の診断に広く使われているアメリカ精神医学会(APA: American Psychiatric Association)の発行する「精神疾患の診断・統計マニュアル」(DSM: Diagnostic and Statistical Manual of Mental Disorders)では,知的障害,発達障害,認知症なども精神疾患として含まれている。

さらに,子どもの場合には「情緒障害」と呼ばれる場合もある。文部科学省の資料では,「状況に合わない感情・気分が持続し,不適切な行動が引き起こされ,それらを自分の意思ではコントロールできないことが継続し,学校生活や社会生活に適応できなくなる状態」(文部科学省初等中等教育局特別支援教育課, 2013)と規定されている。つまり,精神疾患や心理的要因の関与により,社会適応が困難となった状態である。また,近年では虐待によって心理支援が必要となるケースも多くなっている。

このように,「精神障害」に含む範囲は文脈によって異なる。本章では,子どもと成人でみられる精神疾患をいくつか取り上げて概説する。

(2) 精神疾患の原因と分類

精神疾患が生じる原因については,これまでにさまざまな研究がなさ

れているが，はっきりと原因がわかるのは物質関連障害（薬物，大麻，アルコール等）などの一部である。大部分の精神疾患については何か 1 つの要因で説明できるわけではなく，遺伝的素因，中枢神経の機能異常などの生物学的要因，生育環境，パーソナリティ，現在の心理的苦痛など複数の要因によって発症するものと考えられている。なお，脳腫瘍や身体疾患により精神症状が現れる場合もあるため，そのような疾患がないことを確認しておくことが必要となる。

　多くの精神疾患は，身体疾患のように血液検査や炎症反応などの客観的指標によって確認することが難しい。そのため，本人や家族からの症状の聞き取り，行動観察によって診断を行っていく。精神疾患の診断には，世界保健機関（WHO: World Health Organization）の国際疾病分類（ICD: International Classification of Diseases）やアメリカ精神医学会の診断分類である DSM が使われることが多くなっている。さまざまな精神疾患の診断分類を体系的にまとめたものとなっており，国際的にもこれらの診断分類が広く使用されている。

　これらの診断分類は，これまでの医学研究の成果を反映させるために改訂を重ねており，2013年には DSM が改訂され（DSM-5：APA, 2013），2018年には ICD が改訂された（ICD-11：WHO, 2018）。近年の改訂に際して，精神疾患への差別や偏見を減らしていくために，病名や診断に使われる用語の検討も行われている。一部を紹介すると，これまで精神疾患の分類として用いられてきた「不安障害」などで，英語で使われている「disorder」を「障害」という言葉ではなく，「症」という用語を使って邦訳することが検討され，一部に取り入れられることになった（日本精神神経学会精神科病名検討連絡会，2014）。このように，精神疾患への社会的偏見を減らしていくため，翻訳する用語の検討が行われており，今後も診断分類の改定などを機に，検討されていくこととなるであ

ろう。

　本章で使う診断名は，DSM-5の表記に沿って示す。以下の診断名の記載でカッコ内にスラッシュ（/）で表記している場合は，上記のような検討状況を踏まえ，DSM-5において邦訳の診断名が併記されていることを示している。

2.　子どもの精神疾患

　子どもの精神疾患や臨床的関与が求められる状態の例として，**表9-1**のようなものがある。これらの状態によって，学校生活や日常生活が制限されてしまうことが生じる。ここにあげられているものの多くは成人でも見られる問題が含まれるが，同じ診断であっても，成人と比較するとその個人差も大きく，非定型的な状態像となることも多いため注意が必要である。本節では，分離不安症と反応性愛着障害を取り上げて概説する。

表9-1　臨床的関与が必要となる子どもの状態，情緒障害，精神疾患の例

チック症	解離性同一症
統合失調症	身体症状症
抑うつ障害	神経性やせ症
分離不安症	神経性過食症
選択性かん黙	遺尿症
社交不安症	悪夢障害
強迫症	素行症
抜毛症	対人関係の問題
反応性アタッチメント障害	虐待とネグレクト
脱抑制型対人交流障害	
心的外傷後ストレス障害	
適応障害	

（1）分離不安症（/分離不安障害）

分離不安症の特徴

　分離不安症は，家や愛着をもっている人（保護者など）からの分離に際して過剰な不安や恐怖をもつことが主要な特徴である。そして，愛着対象から離れてしまうと，その対象に病気や事故が起こるのではないか，その人が死んでしまうのではないか，といった心配が生じたり，愛着対象から離れること（分離）に強い不安が生じてしまう。このような強い不安のために，社会生活や学校生活に支障をきたす状態である。

　発達の過程において，ある時期に愛着対象からの分離不安が高まること（例：人見知りをして，自身の保護者のそばにいることを求める）は正常な発達の過程であって，特に異常なことではない。しかし，発達年齢から考えて明らかに過剰な不安や心理的苦痛がみられることが分離不安症の特徴となっている。

（2）反応性アタッチメント障害（/反応性愛着障害）

反応性アタッチメント障害の特徴

　反応性アタッチメント障害は，ネグレクトなどの虐待的環境を経験しており，アタッチメント行動が発達的に不適切な形に障害されていることが特徴となっている。通常，子どもが嫌な経験をしたり，苦痛を感じたりしたときには，保護者などから愛情や安心感を得ようと働きかけることがよく見られる。しかし，反応性アタッチメント障害の子どもでは，そのような行動がみられない。あるいは，保護者などがそのような安心感を与えようと働きかけても，それに対してポジティブな情動表出がないといったことが生じる。

　このような特徴はおおよそ 5 歳までに表れる。ネグレクトを経験していることは診断の要件の一つであるが，ネグレクトを経験してきた子ど

もの大多数がこのような障害を示す訳ではないことにも留意しておきたい。

（3）精神疾患，情緒障害のある子どもへの心理支援

　精神疾患や情緒障害を示す子どもへの心理学的介入としては，その子どもの発達段階によっていくつかの選択肢がある。個々の子どもの発達段階にもよるが，概ね中学生以上の年齢であれば，成人と同じような形で言語的なコミュニケーションを中心とした心理療法を行っていくことが可能となる。しかし，幼児や小学生くらいの年齢であれば，自身の思考や感情を言語化することが難しい場合も多いこともあり，心理支援としてプレイセラピー（遊戯療法）を用いることが多い。プレイセラピーは，遊びを通じて心理療法的コミュニケーションを行っていく心理療法の一つである。

　精神疾患や情緒障害を抱える子ども達は，しばしば関係性の問題を抱えていることもあり，治療者が子どもとの間に信頼関係を結び，セラピーの場が子どもにとって安心できる場所となることが重要である。その上で，子ども達は治療者とのやりとりを通じて自身の思考や情緒を表現したり，子ども自身の体験や自身が感じている思いを治療者に体験させたり，現実では扱うのが難しい感情を遊びの中で表現したりする（ランドレス，2007）。そのようなプロセスを通じて，子ども達は徐々に変化していく。成人と比較すると，子どもへの支援方法には確立され，体系化された方法が少なく，個別のケースに合わせた対応が求められることもしばしばある。

　割合としては多くはないが，精神疾患が重篤な場合や自殺企図を繰り返すなどリスクが高い場合には，入院して薬物療法や心理療法を組み合わせて支援を行っていくことになる場合もある。また，背景に虐待の問

題がある場合には，家族への支援や生活支援など福祉的支援も併用して
いくなど多面的な関わりが必要となる。

3．成人の精神疾患

　成人の精神疾患は，**表9-2**の例に示されているものだけでも，多様
であるが，本節ではその中から，統合失調症，うつ病，全般不安症を取
り上げて概説する。

表9-2　DSM-5における臨床的関与が必要となる精神疾患の例

診断分類	診断
統合失調症スペクトラム障害	統合失調症，妄想性障害など
双極性障害および関連障害群	双極Ⅰ型障害，双極Ⅱ型障害など
抑うつ障害群	うつ病，持続性抑うつ障害など
不安症群	全般不安症，社交不安症など
強迫症および関連症群	強迫症，ためこみ症など
心的外傷およびストレス因関連障害群	心的外傷後ストレス障害，適応障害など
解離症群	解離性同一症，解離性健忘など
身体症状症および関連症群	身体症状，病気不安症など
食行動障害および摂食障害群	神経性やせ症，神経性過食症など
睡眠－覚醒障害群	不眠障害，過眠障害など
物質関連障害および嗜癖性障害群	物質使用障害群（アルコール，薬物等），アルコール使用障害など
パーソナリティ障害群	境界性パーソナリティ障害，自己愛性パーソナリティ障害など

（1）統合失調症

a）統合失調症の特徴

　統合失調症は，いくつかの特徴的な精神症状を伴う，重篤な精神疾患である。統合失調症に伴う精神症状として，陽性症状，陰性症状がある。陽性症状には，妄想[*1]や幻覚[*2]といった統合失調症を含む精神病性障害に特徴的と考えられている症状などが含まれる。陰性症状には，意欲の欠如や情動の平板化，喜びの感覚の喪失などが含まれている。統合失調症では，これらの症状が一定期間以上持続することとなる（例：少なくとも1か月以上）。また，陽性症状や陰性症状に加えて，統合失調症で頻度の高い問題として認知機能障害がある。認知機能は日常生活のさまざまな活動で必要とされる。認知機能には，例えば，何かの課題に注意を集中する能力，物事を効率よく処理していく能力，記憶力などがある。これらの精神症状や認知機能障害により，著しい心理的苦痛や社会生活，職業生活の障害を経験することとなる（上島，2005）。

　統合失調症の生涯有病率は約1％弱と推定され，多くの場合には10代後半から30代半ばくらいまでの間に発症する。統合失調症の人の約20％は良好に経過するが，長い期間にわたって治療や支援が必要になることも多く，症状が重篤な場合にはしばしば入院治療が必要となる（APA，2013）。

b）統合失調症を抱える人への支援

　現在のところ，統合失調症の症状は主に脳内の神経伝達物質の異常によると考えられているため，治療は抗精神病薬などの薬物療法が中心となる。ただし，それらに加えて認知行動療法などの個人心理療法や家族への心理教育，集団での作業療法や社会技能訓練（SST：Social Skill

---

[*1]　妄想とは，その個人の社会的・文化的背景と不調和な，誤った信念や確信のことで，それを否定する証拠があっても，変わることのない固定化された信念のこと（シムズ，2009）。

[*2]　幻覚は，外的刺激がないにもかかわらず体験される知覚のこと（例：誰も話していないのに他人の声が聞こえてくる）（シムズ，2009）。

Training）といった心理社会的治療を合わせて行っていくことが，患者への心理学的支援，社会適応のために有用である（Mueser et al., 2013）。

（2）うつ病（/大うつ病性障害）

a）うつ病の特徴

　うつ病は，強い気分の落ち込み（抑うつ気分），興味や喜びの喪失，といった症状を中核とする精神疾患である。他にも，自己の無価値感，強い疲労感，不眠や過眠といった睡眠の問題，思考力や集中力の減退，死について繰り返し考えてしまうといった症状を伴うことも多い。このような症状によって，著しい心理的苦痛を感じ，社会生活，職業生活が障害されてしまう状態である。

　日常的に経験される気分の落ち込みであれば数日程度で回復するが，うつ病の患者ではこれらの症状がほとんど毎日持続することで，非常に強い心理的苦痛を感じることになる。また，心臓疾患，悪性腫瘍，慢性疼痛などの身体疾患と併存することも多いため，これらの身体疾患がある場合には，抑うつのアセスメントも重要である。

　うつ病の生涯有病率は約 6 ％で，ありふれた精神疾患であるといえる（Ishikawa et al., 2016）。うつ病は，思春期以降のさまざまな年齢において発症する可能性がある。しばしば，経過の中で自殺念慮を伴うことがあり，注意が必要となる。

b）うつ病を抱える人への支援

　うつ病の治療は，症状の重症度によっていくつかの方法が検討される。代表的なものとしては，症状が軽症から中等度の場合には心理療法などの非薬物療法が第一選択として推奨されている（NICE, 2009）。しかし，症状が中等度から重度の場合，うつ病の既往歴がある場合や，すでに受けていた他の治療で効果がなかった場合には，薬物療法を中心と

して，心理療法などが併用される。薬物療法では，従来使われてきた薬と比較して副作用（有害作用）が少ないことを期待して，選択的セロトニン再取り込み阻害薬（SSRI: Selective Serotonin Reuptake Inhibitors），セロトニン・ノルアドレナリン再取り込み阻害薬（SNRI: Serotonin and Noradrenaline Reuptake Inhibitors），ノルアドレナリン作動性・特異的セロトニン作動性抗うつ薬（NaSSA: Noradrenergic and Specific Serotonergic Antidepressant）などの，新規抗うつ薬が第一選択薬として用いられることが多い。

うつ病の人では，症状の回復期にあっても非常に強い絶望感のために自殺を計画，実行してしまうことがあり，支援者は自殺の危険性にも注意が必要である。

（3）全般不安症（/全般性不安障害）
a）全般不安症の特徴

全般不安症は，多数の出来事や活動への過剰な不安と心配によって特徴づけられる精神疾患である。そして，そのような不安に，落ち着きのなさや神経の高ぶり，疲労しやすさ，集中困難などの症状を伴い，著しい苦痛を感じ，社会生活，職業生活に障害がある状態である。生活をしている中で，何かに対して不安な気持ちを抱くことは異常なことではない。しかし，全般不安症では，そのような不安が特定のことに限られず，より広範囲で，持続期間が長く，より苦痛であるといったことが，病的でない不安との違いとなる。

全般不安症の生涯有病率はおよそ2〜3％で，比較的多い精神疾患であるといえる。発症時期は青年期以降に多くなり，発症年齢は比較的広い範囲にわたっている。

b）全般不安症を抱える人への支援

重症度に応じて，心理療法や SSRI，SNRI，抗不安薬を用いた薬物療法が選択される（NICE，2011）。

4．精神疾患のある人への心理支援における 心理専門職の役割

心理専門職に求められる役割には，心理療法などによる精神症状や心理的苦痛の緩和を通じてクライエントの生活の質（quality of life）を高めていくこと等がある。主治医がいる場合には，薬物療法などは医師が実施し，心理士は面接やアセスメントを担当する等，役割の確認や連携が必要となる。

また，精神症状によって生活基盤が大きく影響されている，福祉的支援が必要であるといった場合には，ソーシャルワーカーなど他の専門職と連携しながらの支援が必要となることも多い。そのような福祉的な支援制度の一つとして，「精神障害者保健福祉手帳」がある（**表 9 - 3**）。精神障害者保健福祉手帳を利用することによって，さまざまな生活上の支援を受けることができる。具体的には，公共料金等の割引，各種税金の控除や減免，鉄道，バス，タクシー等の運賃割引，福祉手当などが受けられる場合がある（実際に利用できる支援は，自治体や交通機関等に

表 9 - 3　精神障害者保健福祉手帳の等級

等級	障害の程度
1 級	精神障害であって，日常生活の用を弁ずることを不能ならしめる程度のもの
2 級	精神障害であって，日常生活が著しい制限を受けるか，または日常生活に著しい制限を加えることを必要とする程度のもの
3 級	精神障害であって，日常生活もしくは社会生活が制限を受けるか，または日常生活もしくは社会生活に制限を加えることを必要とする程度のもの

より異なる）。このような制度についても知っておくことで，クライエ
ントの生活実態や支援のリソースなどを把握し，支援の枠組みにおい
て，心理専門職の担う役割を明確にしていくことにつながる。

　精神疾患のある人への心理的支援は，臨床心理士，公認心理師などの
心理専門職に求められる役割の中核的な部分であり，精神症状や心理的
苦痛に関して，基礎的知識を基盤に，心理支援を担う専門職として，そ
の専門性を発揮していくことが求められる。

引用文献

APA (American Psychiatric Association) (2013). Diagnostic and statistical manual
　of mental disorders, 5th ed., Washington DC. (高橋三郎，大野裕監訳：『DSM-5
　精神疾患の診断・統計マニュアル』．東京，医学書院，2014)

Ishikawa, H., Kawakami, N., Kessler, R. C. (2016). World Mental Health Japan Sur-
　vey Collaborators. Lifetime and 12-month prevalence, severity and unmet need
　for treatment of common mental disorders in Japan : Results from the final da-
　taset of World Mental Health Japan Survey. *Epidemiology and Psychiatric Sci-*
　ences, 25(3), pp. 217-229.

上島国利（編）(2005). 『統合失調症と類縁疾患』メジカルビュー社．

Landreth, G. L. (2002). Play therapy : The art of the relationship, second edition.
　Taylor & Francis Books Inc. (ゲリー・L・ランドレス著，山中康弘監訳『プレイ
　セラピー：関係性の営み』，日本評論社，2007)

文部科学省初等中等教育局特別支援教育課 (2013). 教育支援資料，文部科学省．

Mueser, K. T., Deavers, F., Penn, D. L., Cassisi, J. E. (2013). Psychosocial treatments
　for schizophrenia. *Annual Review of Clinical Psychology,* 9, pp. 465-497.

NICE (National Institute for Health and Care Excellence) (2009). Depression in
　adults : Recognition and management.

NICE (National Institute for Health and Care Excellence) (2011). Generalised anxiety disorder and panic disorder in adults : Management.

日本精神神経学会精神科病名検討連絡会（2014）．「DSM-5病名・用語翻訳ガイドライン（初版）」．精神神経学雑誌，116(6)，pp. 429-457.

Sims, A. C. P. (2003). An Introduction to Descriptive Psychopathology, Third edition. Elsevier Ltd.（アンドリュー・シムズ（著），飛鳥井望・野津眞・松浪克文・林直樹（訳）．(2009)『シムズ記述精神病理学』東京，西村書店，2009)

WHO (World Health Organization) (2018). ICD-11 : International Classification of Diseases 11th Revision.

参考文献

笠原　嘉（1996）．『軽症うつ病』講談社．
　（新書で出版年は少し古いが，うつ病のイメージをもつために必要な情報が詰まっている。）
尾崎紀夫・三村將・水野雅文・村井俊哉（2018）．『標準精神医学（第 7 版）』医学書院．
　（精神科疾患や精神医学的視点についてまとめられたテキスト。医療における精神科疾患の理解を知るうえで利用できる。）
田中千穂子（2011）．『プレイセラピーへの手びき：関係の綾をどう読みとるか』日本評論社．
　（プレイセラピーにおける関係性や言語，非言語的やりとりについて，事例を含めながらコンパクトにまとめられている書籍。）

10 | 発達障害者（児）の理解と支援 ―ADHD（注意欠陥／多動性障害）―

古賀精治

《**目標＆ポイント**》 まず2016年に改正・施行された「発達障害者支援法」に基づき，わが国の発達障害の概念について整理する。次に医学と教育におけるADHDの定義と分類，原因，疫学，併存症について概説する。ADHDはさまざまな障害と併存しやすい。それらは学習障害などの生得的な原因による一次性併存症とADHDの中核症状とまわりの不適切な対応が相俟って生じる二次性併存症とに分けられる。それからADHDの疑いのある人のアセスメントに役立つ評価尺度等について紹介する。最後にADHDのある人への支援のあり方および家族への支援について論じる。
《**キーワード**》 不注意，多動性，衝動性，自尊心の低下

1. 発達障害とは

　障害者の自立および社会参加の支援等のための施策に関する基本原則を定めた法律に「障害者基本法」がある。その第2条において「障害者」とは「身体障害，知的障害，精神障害（発達障害を含む。）その他の心身の機能障害（以下「障害」と総称する。）がある者であって，障害及び社会的障壁により継続的に日常生活又は社会生活に相当な制限を受ける状態にあるものをいう。」と定められている。ここでいう発達障害には「発達障害者支援法」における発達障害の定義が適用された。なお「社会的障壁」とは，第2条の第2項において「障害がある者にとって日常生活又は社会生活を営む上で障壁となるような社会における事

物，制度，慣行，観念その他一切のものをいう。」とされた。

　2016年6月に改正され同年8月に施行された「発達障害者支援法」では，その第2条において，「発達障害」とは「自閉症，アスペルガー症候群その他の広汎性発達障害，学習障害，注意欠陥多動性障害その他これに類する脳機能の障害であってその症状が通常低年齢において発現するものとして政令で定めるもの」であり，「発達障害者」とは「発達障害がある者であって発達障害及び社会的障壁により日常生活又は社会生活に制限を受けるもの」と定義されている。そして「政令で定めるもの」として，政令（発達障害者支援法施行令）の第1条において「言語の障害，協調運動の障害その他厚生労働省令で定める障害」とされている。さらに「厚生労働省令で定める障害」として，省令（発達障害者支援法施行規則）において「心理的発達の障害並びに行動及び情緒の障害」と定められている。これらの規定により想定される「発達障害者支援法」の対象となる障害は，脳機能の障害であってその症状が通常低年齢において発現するもののうち，WHO（世界保健機関）のICD-10（疾病及び関連保健問題の国際統計分類第10版）における「心理的発達の障害（F80-F89）」および「小児＜児童＞期及び青年期に通常発症する行動及び情緒の障害（F90-F98）」に含まれる障害であるとされた。

　「発達障害者支援法」は2016年の改正を機に，就労支援の充実（第10条），地域での生活支援の充実（第11条），権利擁護のための支援の具体化・拡大（第12条および第12条の2）が図られ，手薄だった成人期の支援についても一定の配慮がなされている（鈴木，2018）。なお，すでに支援の制度が確立している知的障害は，その対象に含まれていない。もともと学術的には，「発達障害」とは知的障害はもちろんのこと，広義には脳性まひなどの発達期に生じる他の中枢神経系の障害をも含む包括的な障害概念とされる。したがって「発達障害者支援法」は行政政策

上，本来広範囲な障害概念である発達障害の一部のみを法令上の発達障害と規定していることに留意する必要がある。

発達障害者に関わる主な法律には他に「精神保健及び精神障害者福祉に関する法律」（いわゆる精神保健福祉法），「障害者の日常生活及び社会生活を総合的に支援するための法律」（いわゆる障害者総合支援法），「障害者の雇用の促進等に関する法律」（いわゆる障害者雇用促進法），「児童福祉法」，「障害者虐待の防止，障害者の養護者に対する支援等に関する法律」（いわゆる障害者虐待防止法），「障害を理由とする差別の解消の推進に関する法律」（いわゆる障害者差別解消法），「国等による障害者就労施設等からの物品等の調達の推進等に関する法律」（いわゆる障害者優先調達推進法）などがある。「精神保健及び精神障害者福祉に関する法律」では，従来から発達障害者を精神障害者の範疇に含めてきた。この法律により，発達障害者は精神障害者保健福祉手帳の交付を受けることができる。

2．ADHD（注意欠陥／多動性障害）とは

（1）医学における ADHD の定義と分類

医学的な診断基準については DSM-5 を取り上げる。DSM-5 では ADHD の診断基準を次のように述べている。

注意欠如・多動症／注意欠如・多動性障害　Attention-Deficit/Hyperactivity Disorder

A．（1）および／または（2）によって特徴づけられる，不注意および／または多動性—衝動性の持続的な様式で，機能または発達の妨げとなっているもの

　（1）不注意：以下の症状のうち6つ（またはそれ以上）が少なくとも6カ月持続したことがあり，その程度は発達の水準に不相応で，社

会的および学業的／職業的活動に直接，悪影響を及ぼすほどである：

注：それらの症状は，単なる反抗的行動，挑戦，敵意の表れではなく，課題や指示を理解できないことでもない。青年期後期および成人（17歳以上）では，少なくとも5つ以上の症状が必要である。

（a）学業，仕事，または他の活動中に，しばしば綿密に注意することができない，または不注意な間違いをする（例：細部を見過ごしたり，見逃してしまう，作業が不正確である）。

（b）課題または遊びの活動中に，しばしば注意を持続することが困難である（例：講義，会話，または長時間の読書に集中し続けることが難しい）。

（c）直接話しかけられたときに，しばしば聞いていないように見える（例：明らかな注意を逸らすものがない状況でさえ，心がどこか他所にあるように見える）。

（d）しばしば指示に従えず，学業，用事，職場での義務をやり遂げることができない（例：課題を始めるがすぐに集中できなくなる，また容易に脱線する）。

（e）課題や活動を順序立てることがしばしば困難である（例：一連の課題を遂行することが難しい，資料や持ち物を整理しておくことが難しい，作業が乱雑でまとまりがない，時間の管理が苦手，締め切りを守れない）。

（f）精神的努力の持続を要する課題（例：学業や宿題，青年期後期および成人では報告書の作成，書類に漏れなく記入すること，長い文書を見直すこと）に従事することをしばしば避ける，嫌う，またはいやいや行う。

（g）課題や活動に必要なもの（例：学校教材，鉛筆，本，道具，財布，鍵，書類，眼鏡，携帯電話）をしばしばなくしてしまう。

（h）しばしば外的な刺激（青年期後期および成人では無関係な考えも含まれる）によってすぐ気が散ってしまう。

（ⅰ）しばしば日々の活動（例：用事を足すこと，お使いをすること，青年期後期および成人では，電話を折り返しかけること，お金の支払い，会合の約束を守ること）で忘れっぽい。

（2）多動性および衝動性：以下の症状のうち6つ（またはそれ以上）が少なくとも6カ月持続したことがあり，その程度は発達の水準に不相応で，社会的および学業的／職業的活動に直接，悪影響を及ぼすほどである：

注：それらの症状は，単なる反抗的行動，挑戦，敵意などの表れではなく，課題や指示を理解できないことでもない。青年期後期および成人（17歳以上）では，少なくとも5つ以上の症状が必要である。

（a）しばしば手足をそわそわと動かしたりトントン叩いたりする，またはいすの上でもじもじする。

（b）席についていることが求められる場面でしばしば席を離れる（例：教室，職場，その他の作業場所で，またはそこにとどまることを要求される他の場面で，自分の場所を離れる）。

（c）不適切な状況でしばしば走り回ったり高い所へ登ったりする（注：青年または成人では，落ち着かない感じのみに限られるかもしれない）。

（d）静かに遊んだり余暇活動につくことがしばしばできない。

（e）しばしば"じっとしていない"，またはまるで"エンジンで動かされるように"行動する（例：レストランや会議に長時間とどまることができないかまたは不快に感じる；他の人達には，落ち着かないとか，一緒にいることが困難と感じられるかもしれない）。

（f）しばしばしゃべりすぎる。

（g）しばしば質問が終わる前にだし抜いて答え始めてしまう（例：他の人達の言葉の続きを言ってしまう；会話で自分の番を待つことができない）。

（ｈ）しばしば自分の順番を待つことが困難である（例：列に並んでいるとき）。

（ｉ）しばしば他人を妨害し，邪魔する（例：会話，ゲーム，または活動に干渉する；相手に聞かずにまたは許可を得ずに他人の物を使い始めるかもしれない；青年または成人では，他人のしていることに口出ししたり，横取りすることがあるかもしれない）。

B．不注意または多動性―衝動性の症状のうちいくつかが12歳になる前から存在していた。

C．不注意または多動性―衝動性の症状のうちいくつかが2つ以上の状況（例：家庭，学校，職場；友人や親戚といるとき；その他の活動中）において存在する。

D．これらの症状が，社会的，学業的または職業的機能を損なわせている，またはその質を低下させているという明確な証拠がある。

E．その症状は，統合失調症，または他の精神病性障害の経過中に起こるものではなく，他の精神疾患（例：気分障害，不安症，解離症，パーソナリティ障害，物質中毒または離脱）ではうまく説明されない。

▶いずれかを特定せよ

314.01（F90.2）　　混合して存在：過去6カ月間，基準 A1（不注意）と基準 A2（多動性―衝動性）をともに満たしている場合

314.00（F90.0）　　不注意優勢に存在：過去6カ月間，基準 A1（不注意）を満たすが基準 A2（多動性―衝動性）を満たさない場合

314.01（F90.1）　　多動・衝動優勢に存在：過去6カ月間，基準 A2（多動性―衝動性）を満たすが基準 A1（不注意）を満たさない場合

▶該当すれば特定せよ

部分寛解：以前はすべての基準を満たしていたが，過去6カ月間はより少ない基準数を満たしており，かつその症状が，社会的，学業的，または職業的機能に現在も障害を及ぼしている場合

▶現在の重症度を特定せよ

軽度：診断を下すのに必要な項目数以上の症状はあったとしても少なく，
　症状がもたらす社会的または職業的機能への障害はわずかでしかない。
中等度：症状または機能障害は，「軽度」と「重度」の間にある。
重度：診断を下すのに必要な項目数以上に多くの症状がある，またはいく
　つかの症状が特に重度である，または症状が社会的または職業的機能に
　著しい障害をもたらしている。

（日本精神神経学会（日本語版用語監修），高橋三郎・大野　裕（監訳）：『DSM-5　精神疾患の診断・統計マニュアル』．東京．医学書院，2014，pp.58-59より転載）

　以上のように ADHD とは，その程度が発達の水準に相応しない不注意，多動性，衝動性によって特徴づけられる神経発達症である。その特徴のいくつかが12歳になる前から少なくとも６か月持続したことがあり，そのために家庭，学校，職場などの２つ以上の状況で社会的，学業的または職業的機能を明確に損なわせていることが診断基準となる。特に診断基準ＣとＤは重要であり，例え不注意や多動性等の症状があっても，この基準ＣとＤを満たさなければ，ADHD とは診断できない。このことは ADHD と診断する上で，環境の影響がいかに大切であるかを示していると考えられる。

　不注意とは，注意の集中や持続の困難による集中時間の短さ，注意の配分の悪さ，周囲の刺激によって容易に注意がそれやすい注意の転導性の高さをいう。多動とは過剰に活動性が高く，じっとしていられない状態のことをいう。多動には，座っていなければならない状況で立ち歩いたりする移動性多動と座ってはいるけれども身体をもじもじしたり手足をそわそわしたりする非移動性多動がある。後者にはしゃべりすぎも含まれる。衝動性とは，事前に見通しを立てることなくすぐに行動すること，後先考えない言動のことをいう。

　ADHDの症状のうち，特に「（1）不注意」の（d）（e）（f）は，大人になるに従って，社会的および学業的／職業的活動の著しい支障となるが，一般にそれがADHDの症状によるものだとは気づかれにくい。

　従来ADHDは，DSM-ⅣにおいてもICD-10においても，反抗挑発症／反抗挑戦性障害や素行症／素行障害といった破壊的行動障害とともに，反社会的な行動を特性とする疾患群に分類されてきた。それがDSM-5においてADHDは，知的能力障害群や自閉スペクトラム症／自閉症スペクトラム障害，限局性学習症／限局性学習障害等と同じく，新設された神経発達症群／神経発達障害群に分類された。神経発達症群とは発達期に発症する一群の疾患であり，ADHDが初めて国際的な精神医学体系のなかで生来的な脳機能障害を意味する発達障害（齊藤，2016）に位置づけられたのである。

　他にDSM-ⅣからDSM-5にかけて，ADHDに関して以下の変更があった。

① ADHDは成人期まで持続する疾患だとみなされるようになった。ただし症状は減少することから診断要件が緩和され，17歳以上では不注意または多動―衝動性のどちらかで5つ（16歳以下では6つ）以上の症状があればADHDと診断できるとされた。

②症状の具体的な例示として，新たに成人のADHDの実例が多く追加された。

③発症年齢の基準が「7歳以前に存在」から「12歳になる前から存在」に引き上げられた。

④ ADHDと自閉スペクトラム症との併存が認められた。

⑤「不注意優勢型」等の3つの下位分類が，「不注意優勢に存在」等の3つの病像（状態像）を示す特定用語に入れ替わった。

⑥重症度の特定用語（軽度，中等度，重度）が新設された。

なお，DSM-5における ADHD の症状リストそのものに DSM-Ⅳから
の変更はなかった。

（2）教育における ADHD の定義

2003年，文部科学省は「今後の特別支援教育の在り方について（最終
報告)」の参考資料「ADHD 及び高機能自閉症の定義と判断基準（試
案）等」の中で，DSM-Ⅳを参考にして，ADHD について以下のように
定義した。

　ADHD とは，年齢あるいは発達に不釣り合いな注意力，及び／又は衝
動性，多動性を特徴とする行動の障害で，社会的な活動や学業の機能に支
障をきたすものである。

　また，7歳以前に現れ，その状態が継続し，中枢神経系に何らかの要因
による機能不全があると推定される。

（DSM-Ⅳを参考に作成された）

　「学校教育法」では，ADHD のある児童生徒は特別支援学校や特別
支援学級の対象とはされていないが，「学校教育法施行規則」第140条に
より，障害に応じた特別の指導を行う必要がある ADHD のある児童生
徒は，通常の学級に在籍しつつ，通級による指導を受けることができる
ようになっている。ただし「障害のある児童生徒等に対する早期からの
一貫した支援について（通知)」(2013年10月）には「学習障害又は注意
欠陥多動性障害の児童生徒については，通級による指導の対象とするま
でもなく，通常の学級における教員の適切な配慮やティーム・ティーチ
ングの活用，学習内容の習熟の程度に応じた指導の工夫等により，対応
することが適切である者も多くみられることに十分留意すること。」と
記されている。

　ADHD があると，学校での勉強や集団での活動がなかなかうまくいかない。トラブルが絶えない場合，幼い頃から注意や叱責を受けることが多くなり，逆にほめられる経験は少なくなる。そのため年長になるにつれて自信を失い，劣等感や疎外感などが芽生え，自己イメージが貧困で否定的になりがちになる。結果として自尊心が低下する，もしくは自尊心を培えなくなる。すなわち，自分が人の役に立てる，人に認められる価値のある存在だという気持ちを育てられなくなる。一方で反発心や反抗心が育つこともある。この気持ちが外へ向かうと，自暴自棄になって破壊的行動につながりやすく，内に向かうと不安や抑うつを招きやすい。このような二次的な心理的問題は健全な人格の発達を阻害し，ADHDのある人の社会適応をいっそう困難なものにする。

　しかし ADHD のある子どもの特性も，見方を替えれば，長所となる。例えば多動性や衝動性は気軽に動いてくれてエネルギッシュ，即断即決で行動力があるとも考えられる。このように ADHD の症状を子どもの望ましい特性として受けとめ，認め，伸ばすには，接する大人側の子どもへの深い愛情と障害に対する正しい理解，そして心のゆとりが必要であろう。

3．ADHD のある人の困りや生きづらさ

　ADHD の症状のうち，幼少期に目立つ移動性の多動は，小学校の高学年頃までにおさまる，または非移動性の多動に移行することが多いとされる。しかし不注意の症状は成人になってもかなりの割合で持続し，衝動性の症状も残存することがあるといわれている。

　大学生では事務手続きが苦手で不注意なミスを犯し履修登録が間に合わなかったり，計画的に作業をすることが不得手で期限内に課題やレポートを提出できずに単位不足に陥ったりする。社会人になっても同時

に2つ以上のことができない（電話をかけながらメモを取るなど），大切な書類をなくす，仕事の段取りや優先順位がつけられない，時間やスケジュールの管理ができない（遅刻をしたり仕事の約束を守れないなど），日常業務や単純作業をうまくこなせず同じ失敗を繰り返す等により仕事が長続きせず頻繁に転職する，といったことになりやすいといわれている。失業期間が長くなると経済的にも困ることになる。また家庭生活においても片づけが苦手で，掃除などの家事ができない，子育てで支障をきたすといった問題が報告されている。

　これらのことから，成人期を迎えると，多くの人がADHDに由来する自分の特性を自覚せざるを得なくなる。そのため自分に自信を持てなくなり，他者からの批判に弱く，失敗を恐れて小さなミスにも過敏に反応し，抑うつ的になりやすい。

　なお，背景となる機序は違うにしても，同様の問題はアスペルガー症候群や学習障害のある成人でも起きることがある。ただし例えば「風変わりな人」としてその障害特性が気づかれやすいアスペルガー症候群の人と違い，ADHDのある人はただ単に「努力が足りない人」「ルーズな人」「無責任な人」「何度言ってもわからない人」だと見なされやすい。そのため周囲の人からの信用を失いやすく，孤立することもある。

4．ADHDの原因

　ADHDの原因は中枢神経系に何らかの要因による機能不全があるためと推定されているが，今のところ不明である。脳機能画像研究の知見は，ADHDにおける実行機能障害，報酬系機能の障害を示している（樋口・齊藤，2013）が，一方で実行機能あるいは報酬系機能に障害を認めないADHDの事例も多いといわれている。

　ADHDの遺伝率はかなり高い（DSM-5）。ADHDの傾向に関して，

遺伝的な要因がその原因の80％を占めていることが示されている（バークレー，2003）。ADHD のある人では，その両親や兄弟姉妹も ADHD である確率が高い。また二卵性双生児よりも一卵性双生児で，片方がADHD の場合にもう片方も ADHD である確率は明らかに高くなる。ただし ADHD に特定の単一の遺伝型があるのではなく，複数の遺伝子異常の重積によるものであろうと説明されている。ADHD には「遺伝性がある」というよりは「家族性（家族集積性）がある」とされている。

　このように ADHD は生物学的な要因によって生じる障害であり，親の育て方や生育環境に起因するものではない。ただし，それらの心理社会的要因が ADHD の人が抱える問題の深刻さに二次的に影響を与える可能性は高い。

5．ADHD の疫学

　DSM-5によると，ほとんどの文化圏で，子どもの約５％および成人の約2.5％に ADHD が生じると推定されている。男女比は，小児期で２：１，成人期で1.6：１と，男性が女性より多い。女性は男性よりも主に不注意の特徴を示す傾向があるとされている。

　わが国では文部科学省が2012年に実施した「通常の学級に在籍する発達障害の可能性のある特別な教育的支援を必要とする児童生徒に関する調査」において，知的発達に遅れはないものの，「不注意」または「多動性―衝動性」の問題を著しく示すとされた児童生徒が，小・中学校の通常の学級に3.1％在籍しているという結果が得られた。2002年に実施された全国実態調査では，同様の問題を示すとされた児童生徒の割合は2.5％であった。対象地域，学校や児童生徒の抽出方法が異なることから，２つの調査を単純に比較することはできないが，2002年から2012年までの10年間で「不注意」または「多動性―衝動性」の問題を著しく示

すとされた児童生徒の割合は増加していることがわかる。

6．他の障害との関係

　幼少期には，生来とても活動的な子どもの行動と ADHD の症状とを区別することは難しい。不注意や多動は知的障害のある子どもでもよくみられる。知的障害のある子どもでは，不注意または多動の症状がその子どもの精神年齢に比して過剰である場合にのみ，ADHD の追加診断がなされることになっている。また虐待等の不適切な養育環境の中で育った子どもも衝動的で多動な行動を示すことが多く，ADHD のある子どもと見分けることが難しい。そのような逆境的養育環境と関連の深い脱抑制型対人交流障害や不安定型アタッチメントと ADHD との鑑別は特に慎重な判断を要する。

　ADHD はさまざまな障害と併存しやすい。それらは学習障害（Learning Disability，以下，LD とする）や自閉症などの生得的な原因による一次性併存症，そして周囲の不適切な対応と ADHD の症状が関係し合って生じる二次性併存症とに分けられる。併存症がある場合，その対応はより複雑で困難なことが多い。

　一次性併存症の中でも，LD は ADHD と高い頻度で併存する。ADHDのある子どもまたはその疑いのある子どもは，LD の観点からも精査する必要がある。また ADHD や LD のある子どもは発達性協調運動症を併存しやすく，不器用で運動が苦手なものが多い。縄跳びやスキップなどの粗大運動が難しいだけでなく，指先の微細な運動の苦手さが書字や楽器（鍵盤ハーモニカなど）の演奏などにも影響する。

　二次性併存症の中で特に危惧されるものに，しばしばかんしゃくを起こしたり大人の要求に反抗する反抗挑発症，さらに窃盗や暴力などの反社会的行動を繰り返す素行症がある。成人期になると反社会性パーソナ

リティ障害を発症する可能性が健常な成人よりも有意に高く，その結果，物質使用障害の可能性が上昇する(DSM-5)。ただしこれらはADHDそのものから生じるのではなく，秩序破壊的行動等の問題をもつ多くの若年者には，数多くの病理的な環境要因があることが明らかにされている（ハウス，2003）ことも勘案しなければならない。このような外在性の併存症とともに，内在性の抑うつ障害群，双極性障害および関連障害群，不安症群等との併存率も高い。特に成人のADHDでは，むしろこのような内在性の併存症を主訴として受診することが多い。その場合，抑うつ障害などの併存症の陰に隠れているADHDの存在を見逃さないように留意する必要がある。

　なお子どもの場合，ADHDがあると二次的に不登校になるリスクも高くなる。2003年3月に出された「今後の不登校への対応の在り方（報告）」（文部科学省）においても，LDやADHD等の児童生徒で不登校に至る事例が少なくないことが指摘されている。

7．ADHDのアセスメント

　子どものADHD診断の信頼性を高めたり，ADHD症状の重症度や適応上の障害度の変化を追跡したりするための評価尺度として，齊藤（2016）は，第1にADHDの重症度を数値化して表現する「ADHD-RS」（ADHD評価スケール日本語版）や「Conners 3 日本語版」を，第2に子どもの精神的健康状態を総合的に評価するための「ASEBA（Achenbach System of Empirically Based Assessment)」を挙げている。

　「ADHD-RS」は，DSM-Ⅳの診断基準をもとに，ADHDの子どものスクリーニング，診断，治療成績の評価に使用可能なスケールとして開発された。家庭版と学校版の2種類の行動質問票から構成されている。「Conners 3 日本語版［DSM-5対応］」はADHDおよびADHDと関連性

の高い諸問題，すなわち素行症，反抗挑発症，不安，抑うつ，学習の問題，実行機能，攻撃性，友人関係，家族関係，問題行為の危険性を評価することができる包括性に優れたアセスメントツールである。6歳から18歳までの青少年を評価対象とした保護者用と教師用，そして8歳から18歳までの青少年を評価対象とした本人用の3つのフォームがある。

Achenbach らが作成した行動評価尺度「ASEBA」は，情緒と行動の問題をより包括的に評価するために開発された養育者用の「子どもの行動チェックリスト（CBCL）」，教師用の「教師報告フォーム（TRF）」，子ども自身が回答する「青少年用自己報告票（YSR）」，さらに「成人の行動チェックリスト（ABCL）」や「成人用自己報告票（ASR）」などから構成されている。

ADHD の症状がみられる成人の診断面接ツールに「CAADID 日本語版」がある。「CAADID 日本語版」は半構造化面接による診断尺度であり，ADHD 症状や行動を多面的に測ることができる。また18歳以上の ADHD 症状の重症度の把握および治療効果の判定のための評価尺度には「CAARS 日本語版」がある。「CAARS 日本語版」には，不注意や多動性—衝動性といった ADHD の中核症状以外にも，情緒面の問題や自己概念などの評価も含まれている。

このような評価尺度とともに，対象児・者との面接場面における聴き取りや行動観察，養育者，同胞，配偶者，教師，友人，職場の同僚や上司など複数の観察者からの家庭，学校，職場など少なくとも2つ以上の状況における行動特徴についての情報，家庭環境，学校環境や職場環境等についての情報，成育歴や現病歴についての情報，WISC-Ⅳや K-ABCⅡ等による全般的な知的発達水準や情報処理特性の分析結果，学力の水準や特性，描画法や文章完成法等の投影法検査によるパーソナリティ傾向や情緒的側面の評価を総合して，アセスメントを行うことが重要であ

る。なお，てんかん，脳器質性疾患（脳腫瘍等），甲状腺機能亢進症などの神経疾患や身体疾患に罹患した子どもや成人にも ADHD 様症状がみられることがあり，ADHD との鑑別診断あるいは併存症の診断のために脳波検査，MRI や CT などによる脳画像診断，一般的な血液検査は必須とされている。

　以上の諸情報は具体的な治療，教育，支援の方法を考える上でも大いに有用となる。

8．ADHD のある人への支援

　ADHD のある人への支援の第1歩は，「困った子ども，困った人」から「困っている子ども，困っている人」へと視点を転換することである。

　ADHD のある人への支援の目的は，問題行動をなくすことではない。ADHD のために自分の行動をうまくコントロールできず，彼らが自信を失い苦しんでいることをまず理解することが大切である。そういう彼らの気持ちを受けとめ，成功体験の機会を増やすことで，彼らが自己肯定感，自己有能感，自尊心を高め，自分の行動を自分でコントロールできるように，そしてより適応的な行動を身につけられるように支援することが，その目的である。

（1）ADHD のある子どもの支援

　ADHD の子どもの場合，親や教師など周りの大人が最初にすべきことは，以下に挙げるような環境調整である。ADHD の特性に対応した環境調整を適切に行えば，ADHD の症状は軽くなる。

a）全般的な対応の基本

　①まず「ほめる」こと

- 「良いところみつけ」ができる目を養う
- できて当たり前のことにいかに感動できるか
- ほめることのできる行動のリストをあらかじめ作成する
- 何が良かったのかが具体的にわかるようにほめる
- 即時かつ即座にほめる
- どんなほめられ方を喜ぶかをわかっておく
- シール（花丸など）等の視覚的な手掛かりの活用は意外と有効
- ほめるついでに，ついお小言をいわない
- ほめるついでに，つい次の目標を出さない
- 子どもが自分で自分のことを素直にほめられるように

②こんな声のかけ方が望ましい

- 簡潔，肯定的，具体的，わかりやすく，穏やかに
- 必要な情報は，今，ここで，何をすべきか
- 次から何をどのようにすればよいか教え諭すように
- 同時に複数の教示をしない
- 根気強く具体的にわかるように教える
- 説得や叱責は最小限にし，強く短く叱る
- 毅然として曖昧な態度を取らない
- どうすれば聞く耳をもたせられるかを丁寧に考える
- 冷静なときは，物事の道理や善悪をわきまえており，正しい判断力をもっている子どもであることを理解する

③見通しをもちやすくする

- 活動の切り替えは予告してから
- 前もって，個別に，丁寧に教えておく
- 聞き取る力が弱い子どもであることを理解する
- 絵カードや写真などの視覚的手掛かりを活用する

b）不注意への対応

①まず子どもが注意を集中できる時間を把握する

②環境を調整する（まわりからの刺激をコントロールする）

・さまざまな刺激に平等に反応してしまう子どもであることを理解する

・興味のあるものに集中すると，外に注意が向かなくなる子どもであることを理解する

・周囲の余分な刺激をできるだけ少なくする

・「さわるな」と言うより，あらかじめ片づけておく

・教室では座席の位置に配慮する

・全体への指示の後にさりげなく個別に指示する

・子どもと一緒に定期的に机やロッカーなどの整理整頓を行う

・持ち物はできるだけ１つにまとめる

③リマインダー（思い出させる物）の活用

・優先順位をつけた「やることリスト」の作成

・視覚的なスケジュール表の作成

・ブザーやタイマーなどの聴覚的合図

c）多動性—衝動性への対応

①一旦ことばに出して，（許可を取ってから）行動する習慣を身につける

・ことばが行動をコントロールする道具になっていない子どもであることを理解する

②約束作戦

・約束事を決めておき，守れたらほめる

・子どもが守れそうな約束から始める

・約束には一貫性をもたせる

・約束は肯定的な表現で
・約束の内容はできれば本人に決めさせる
・条件付きで行動を認める
・あらかじめ基準を決めておいて注意する
③前もって手を打つ
・子どもが上手に SOS を出せるように支援する
・感情を抑えきれなくなったら，その場を離れる
・パニックを避けることができたことをほめる

　このような周囲の理解と対応を含む広義の環境調整とともに，認知行動療法やソーシャルスキル・トレーニングをはじめとする多様な心理社会的治療，親ガイダンスやペアレント・トレーニングなどの親への心理社会的治療や支援，保健所，医療機関，保育所，学校，教育センター，児童相談所，発達障害者支援センターなどの関係機関の連携，そして薬物療法を総合的に組み合わせて実施することが，治療，教育，支援の柱となる。まずは環境調整と心理社会的治療を十分な期間実施する。その上で，その効果が不十分だと判定されたとき，もしくは ADHD の症状が重篤で適応上の問題が深刻だと判断されたときに，環境調整と心理社会的治療との相乗効果を期待して，薬物療法の導入が検討される。併存症が示唆する強い葛藤や重症化した自尊心の問題を改善するためには，プレイセラピー（遊戯療法）をはじめとする個人精神療法が有効である（齊藤・渡部，2008）。ただしこの場合，治療初期に枠組みを明確化し，一貫した治療構造を維持できるかどうかが治療の成否を左右するとされている。

（2）ADHD のある成人の支援

　成人期 ADHD においても，子どもと同様，長期にわたる総合的な治療・支援（環境調整，本人および家族への心理社会的治療・支援，薬物療法）が必要とされる。ADHD の症状を完全に消失させることを目標とするのではなく，このような治療・支援によって ADHD の症状が軽減することで，家庭や職場等における悪循環的な不適応状態が好転し，本人が自らの ADHD 特性と折り合えるようになることを目標とするのが，より現実的で当を得ていると考えられる。

　抑うつ障害群や不安症群などの併存症がある場合，ADHD と併存症のどちらを優先して治療するのか判断が難しい。一般的には ADHD の治療の前に，併存障害の治療が進められることが多い。しかし，現時点ではゴールデンスタンダードはなく，個々の症例に対して臨床的な判断を用いて患者への説明と同意を取りながら治療を進めていく必要がある（樋口・齊藤，2013）。なお成人の場合，幼少期から失敗経験や努力が報われない経験を数多く積み重ねきており，そのために挫折感や無力感に苛まれ，「どうせ治療や支援を受けてもよくならない」とあきらめていて，病院や相談機関に足を運ぼうとしない，あるいは治療や支援が始まっても早々に中断してしまう可能性があることに気をつけなければならない。治療・支援者には本人の前向きな意欲が低下しないような対応が求められる。

9．ADHD の薬物療法

　ADHD の治療に最もよく使用されている薬は，中枢神経刺激剤メチルフェニデート塩酸塩である。2008年 1 月に長時間作用型のメチルフェニデート徐放性製剤であるコンサータが，ADHD の正式な治療薬として認可された。注意集中力の向上，多動性や衝動性の軽減に有効だとさ

れている。また2009年6月には，非中枢神経刺激剤であり選択的ノルア
ドレナリン再取り込み阻害作用をもつアトモキセチン塩酸塩（商品名ス
トラテラ）が承認され使用できるようになった。その後2020年3月現
在，ADHDの治療薬として保険適応を受けている薬は他に，非中枢神
経刺激剤であり選択的α2Aアドレナリン受容体作動薬であるグアン
ファシン塩酸塩（商品名インチュニブ），中枢神経刺激剤でありドパミ
ン／ノルアドレナリン遊離促進・再取り込み阻害薬であるリスデキサン
フェタミンメシル酸塩（商品名ビバンセ）がある。コンサータ，ストラ
テラ，インチュニブは，どれも小児にも成人にも使用できる。ビバンセ
は18歳未満で治療を開始した患者であれば，18歳以降も継続して投与す
ることができる。ただし，どの薬も6歳未満の患者における有効性およ
び安全性は確立されていない。

　ADHDの薬物療法はあくまでも症状を一時的に緩和するものであり，
根本的に治療するものではない。薬が効いている間に，ADHDのある
人がどのような経験をでき，何を学習できるかが重要であり，成功体験
をできる機会を広げるために，薬を使ってこそ意味があると考えられ
る。

10．ADHDのある人の家族への支援

　ADHDのある子どもはいわゆる「育てにくい子ども」であり，その
子育ての困難さが養育者，特に母親を悩ませる。その上その障害のわか
りにくさのために，周囲の人から，子どもの困った行動は親のしつけ不
足や愛情不足だと非難されることも多い。そのため母親は子どもの問題
行動を自分のせいではないかと自分を責め，子どもの行動を正そうと，
さらに子どもを口うるさく叱り厳しく接するようになる。しかし子ども
の行動はなかなか改善せず，場合によっては逆に悪化することもあり，

母親はますます子育てに自信を失ってしまう。その結果，母子関係は不安定で不適切な状態に陥りやすい。

このような親子関係の悪循環を絶つためには，子どもだけでなく，養育者，とりわけ母親への支援が不可欠である。そのための有効な支援の方法にペアレント・トレーニングがある。ペアレント・トレーニングは，グループワークなどを通して，養育者に子どもとのかかわり方の技術を学んでもらい，子育てに対する自信を回復してもらうための心理・教育的な支援方法である。養育者の変化が子どもにも望ましい変化をもたらす。

成人してからも，配偶者を含めた家族，職場の同僚や上司など，関係者の理解と協力は何よりも大切である。しかし本人の行動上の問題は家族などの周囲の人も疲弊させてしまう。誰もが普通にできることをADHDという障害のためにできない苦しさ，そしてそのことを周りの人にわかってもらえない苦しさが，本人だけでなく，家族も大いに悩ませる。家族は支援者であり，かつ被支援者でもある。そのような家族を支えることは心理専門職や医師等の専門家の大きな役割であろう。

※本章は，古賀精治（2013）「発達障害児・者の理解と心理的援助—ADHD（注意欠陥／多動性障害）—」（田中新正・古賀精治編著『障害児・障害者心理学特論』，放送大学教育振興会，pp.183-201）を元に加筆修正した。

引用文献

アルヴィン・E・ハウス（著），上地安昭（監訳）（2003）.『学校で役立つ DSM-Ⅳ DSM-Ⅳ-TR 対応最新版』誠信書房.

米国精神医学会（編），高橋三郎・大野裕・染矢俊幸（共訳）（1996）.『DSM-Ⅳ 精神疾患の診断・統計マニュアル』医学書院.

米国精神医学会（編），高橋三郎・大野裕（監訳），染矢俊幸・神庭重信・尾崎紀夫・三村將・村井俊哉（共訳）（2014）.『DSM-5　精神疾患の診断・統計マニュアル』医学書院.

C.キース・コナーズ（著），田中康雄（監訳）（2011）.『Conners 3™ 日本語版マニュアル』金子書房.

C.キース・コナーズ（著），田中康雄（訳）（2017）.『Conners 3 日本語版 DSM-5 対応　補足ガイド』金子書房.

C.キース・コナーズ，ドリュー・アーハート，エリザベス・スパロー（著），中村和彦（監修）（2012）.『CAARS™ 日本語版 マニュアル』金子書房.

樋口輝彦・齊藤万比古（監修）（2013）.『成人期の ADHD 診療ガイドブック』じほう.

ジェフ・エプスタイン，ダイアン・E. ジョンソン，C.キース・コナーズ（著），中村和彦（監修）（2012）.『CAADID™ 日本語版 マニュアル』金子書房.

ジョージ・J.デュポール，トーマス・J.パワー，アーサー・D.アナストポウロス，ロバート・リード（著），市川宏伸・田中康雄（監修）（2008）.『診断・対応のための ADHD 評価スケール ADHD-RS【DSM 準拠】チェックリスト，標準値とその臨床的解釈』明石書店.

ラッセル・A・バークレー（2003）.『ADHD の理論と診断―過去，現在，未来』発達障害研究，第24巻，第 4 号，pp.357-376.

齊藤万比古（編著）（2016）.『注意欠如・多動性障害―ADHD―の診断・治療ガイドライン　第 4 版』じほう.

齊藤万比古・渡辺京太（編著）（2008）.『第 3 版　注意欠如・多動性障害―ADHD―の診断・治療ガイド』じほう.

鈴木淳（2018）.「発達障害者支援法改正によせて」日本発達障害連盟編『発達障害白書2018年版』明石書店，pp.100-101.

参考文献

アリソン・マンデン&ジョン・アーセラス（著），市川宏伸・佐藤泰三（監訳）
　　（2000）．『ADHD 注意欠陥・多動性障害—親と専門家のためのガイドブック—』
　　東京書籍.

独立行政法人国立特別支援教育総合研究（編著）（2007）．『発達障害のある学生支
　　援ケースブック』ジアース教育新社.

独立行政法人日本学生支援機構学生生活部特別支援課（2011）．『平成22年度　大
　　学，短期大学及び高等専門学校における障害のある学生の修学支援に関する実態
　　調査結果報告書』.

原仁（2007）．「発達障害と医療〔Ⅰ〕脳と学習」（特別支援教育士資格認定協会編）
　　『特別支援教育の理論と実践　Ⅰ概論・アセスメント』金剛出版，pp.46-70.

宮島祐・田中英高・林北見（編著）（2007）．『小児科医のための注意欠陥／多動性
　　障害—AD/HD—の診断・治療ガイド』中央法規出版.

尾崎洋一郎・池田英俊・錦戸惠子・草野和子（2001）．『ADHD 及びその周辺の子ど
　　もたち』同成社.

リンダ・J・フィフナー（著），上林靖子・中田洋二郎・山崎透・水野薫（監訳）
　　（2000）．『こうすればうまくいく　ADHD をもつ子の学校生活』中央法規出版.

佐々木正美・梅永雄二（監修）（2010）．『大学生の発達障害』講談社.

司馬理英子（2010）．『よくわかる　大人の ADHD』主婦の友社.

菅野敦・宇野宏幸・橋本創一・小島道生（編著）（2006）．『特別支援教育における
　　教育実践の方法』ナカニシヤ出版.

ステファニー・モールトン・サーキス（著），大野裕（監修），中里京子（訳）（2010）.
　　『大人の ADD』創元社.

田中康雄（監修）（2009）．『大人の AD/HD』講談社.

田中康雄・高山恵子（1999）．『えじそんブックレット①　ボクたちのサポーターに
　　なって！！』えじそんくらぶ.

田中康雄・高山恵子（2001）．『えじそんブックレット①　ボクたちのサポーターに
　　なって！！2』えじそんくらぶ.

全国 LD 親の会（2006）．『LD・ADHD・高機能自閉症とは？—特別な教育的ニーズ
　　を持つ子ども達<増補版>』全国 LD 親の会.

11 | 発達障害者（児）の理解と支援 —LD（学習障害）—

衛藤裕司

《目標＆ポイント》　学習障害は，学ぶ際に使用する基礎的学習技能の障害である。基礎的学習技能が障害されているため，その後の教科等の学習がうまくいかなかったり，他の友達と比べてとても勉強に苦労したりする。ここでは，心理学的アプローチによる支援のための知識を学ぶ。基礎的学習技能の状態を把握するためのアセスメントについて学んだ後，学習障害の中でも最も多い「ディスレクシア（読み書き障害）」に関して，障害特性に基づく指導方法の例を示す。

《キーワード》　学習障害，心理学的特徴，読み書き障害，心理・教育支援

1．教育における「学習障害」

　学習障害（Learning Disabilities；LD）の概念は，1960年代のアメリカで登場した。現在，その頭文字から「エルディー（LD）」と呼ばれている学習障害という用語は，シカゴにおける Kirk の教育講演から知られるようになった（上野，2019）。教育用語としての登場である。そして，1970年代に入り，日本でも「学習能力の障害」という用語で翻訳書等により紹介された。しかし，すぐに，教育，つまり，特殊教育（Special Education）の対象になったわけではない。1980年代あたりから，現在の学習障害（LD），注意欠陥／多動性障害（ADHD），言語障害等の原型であると言われる微細脳機能障害（Minimal Brain Dysfunction；MBD）についての議論が行われ（例；鈴木，1979），1990年代初頭あたりから，

特殊教育（Special Education）の正式な対象にするための議論が始められた。

　しかし，当時の日本には欧米のリソース・ルームに相当する通級教室がなく，1990年6月「通級学級に関する調査研究協力者会議」を設置し，その審議のまとめを受け，1993年4月から「通級による指導」の制度が開始された。通常学級に在籍しながら，通級教室を利用する制度である。しかし，教育における状態像が明確に定義づけられていなかった学習障害は，通級による指導の最初の対象にはならず，並行して1992年6月に文部省により設置された「学習障害及びこれに類似する学習上の困難を有する児童生徒の指導方法に関する調査研究協力者会議」による最終報告（「学習障害児に対する指導について（報告)」）の中で，その定義と判断基準が示された（**表11-1** 参照)。

表11-1　教育における学習障害の定義

基本的には，全般的な知的発達に遅れはないが，聞く，話す，読む，書く，計算するまたは推論する能力のうち，特定のものの習得と使用に著しい困難を示すさまざまな状態を指すものである。 　学習障害は，その原因として，中枢神経系に何らかの要因による機能不全があると推定されるが，視覚障害，聴覚障害，知的障害，情緒障害などの障害や，環境的な要因が直接的な原因となるものではない。

（文部省「学習障害児に対する指導について（報告)」）

　「聞く」,「話す」,「読む」,「書く」,「計算する」,「推論する」という能力は，学業習得の際に使用される。教育における学習障害は，これらの能力のいずれかまたは複数に「機能不全が生じている」状態と考えている。学業習得の背景として使用されるこれらの能力に機能不全が生じると，当然，学業習得もうまくいかなくなる，または大変になる。

　そして，この定義に基づき，実際の学習障害の判断・実態把握を行う

際の基準（試案）が示された。

　それによると，学校内での実態把握基準として，以下の**表11-2**のような内容が挙げられている。

　注目する必要があるのは，「著しい遅れ」を1～2学年以上の遅れと定義し（操作的定義），その落ち込みが見られる教科があるとしているということである。これは，教員からみた時，学習障害の可能性のある児童生徒に気づきやすいからであろう。

　そして，2006年4月，学習障害は長い年月を経て，通級による指導の正式な対象となっている。

表11-2　学習障害の判断・実態把握を行う際の基準（試案）

(1) 実態把握のための基準
A．特異な学習困難があること
①国語または算数（数学（以下「国語等」という）の基礎的能力に著しい遅れがある。
■現在および過去の学習の記録等から，国語等の評価の観点の中に，著しい遅れを示すものが1以上あることを確認する。この場合，著しい遅れとは，児童生徒の学年に応じ1～2学年以上の遅れがあることを言う。 　　小学校2，3年　　　　　　1学年以上の遅れ 　　小学校4年以上または中学　2学年以上の遅れ なお，国語等について標準的な学力検査の結果があればそれにより確認する。
■聞く，話す，読む，書く，計算するまたは推論する能力のいずれかに著しい遅れがあることを，学業成績，日頃の授業態度，提出作品，ノートの記述，保護者から聞いた生活の状況等，その判断の根拠となった資料等により確認する。
②全般的な知的発達に遅れがない。
■知能検査等で全般的な知的発達の遅れがないこと，あるいは現在および過去の学習の記録から，国語，算数（数学，理科，社会，生活（小1および小2），外国語（中学）の教科の評価の観点で，学年相当の普通程度の能力を示すものが1以上あることを確認する。
B．他の障害や環境的な要因が直接の原因ではないこと

（文部省「学習障害児に対する指導について（報告）」）

2．医学における「限局性学習症／限局性学習障害」

アメリカ精神医学会（APA）の診断・統計マニュアル（DSM-5）に記載されている「Specific Learning Disorder（以下，SLD）」は，限局性学習症／限局性学習障害と邦訳される疾患名であり，一般的には「学習障害」として知られる。

限局性学習障害は，「読むこと」，「書くこと」，「計算すること」のいずれかの特異的困難を症状とする疾患であり，実際の症状として以下のようなものが半年以上にわたり存在する（**表11-3**参照）。

「読字の障害」では，1）的確に読めない（正確さの困難），2）読むのが遅い（速度または流暢性の困難），3）読んでいるものの意味がわからない（読解力の困難）等の様子が見られる。

また，「書字表出の障害」では，1）正確に綴れない（綴字の困難），2）文法または句読点の間違い，3）書字が不明確または低い構成力等の様子が見られる。

表11-3　DSM-5における限局性学習症の症状

読むこと	1）的確に読めない（正確さの困難） 2）読むのが遅い（速度または流暢性の困難） 3）読んでいるものの意味がわからない（読解力の困難）
書くこと	1）正確に綴れない（綴字の困難） 2）文法または句読点の間違い 3）書字が不明確または低い構成力
計算すること	1）数字の概念，数値，計算の習得の困難 2）数学的推論の困難

（日本精神神経学会（日本語版用語監修），高橋三郎，大野　裕（監訳）：『DSM-5精神疾患の診断・統計マニュアル』．東京，医学書院，2014を基に作成）

　そして，「算数の障害」では，1）数字の概念，数値，計算の習得の困難，2）数学的推論の困難等の様子が見られる。

　子ども達は，小学校に入学すると，これからの勉強で使う文字や簡単な文等について「読むこと」，「書くこと」を学び，数字について「数えること・計算すること」を学ぶ。これらの技能は「基礎的学習技能」と呼ばれ，教科等の学業習得の基礎であると考えられている。「限局性学習症／限局性学習障害（SLD）」の診断を受ける子どもは，この基礎的学習技能を身につける段階からうまくいかない子どもたちである。

　DSM-5（APA，2013）の診断基準を**表11-4**に示す。

表11-4　「限局性学習症／限局性学習障害」の診断基準（APA，2013）

A	学習や学業的技能の使用に困難があり，その困難を対象とした介入が提供されているにもかかわらず，以下の症状の少なくとも1つが存在し，少なくとも6ヶ月間持続していることで明らかになる：
	1．不的確または速度が遅く，努力を要する読字（例：単語を間違ってまたはゆっくりとためらいがちに音読する，しばしば言葉を当てずっぽうに言う，言葉を発音することの困難さをもつ）
	2．読んでいるものの意味を理解することの困難さ（例：文章を正確に読むこともあるが，読んでいるもののつながり，関係，意味するもの，またはより深い意味を理解していないかもしれない）
	3．綴字の困難さ（例：母音や子音を付け加えたり，入れ忘れたり，置き換えたりするかもしれない）
	4．書字表出の困難さ（例：文章の中で複数の文法または句読点の間違いをする，段落のまとめ方が下手，思考の書字表出に明確さがない）
	5．数字の概念，数値，または計算を習得することの困難さ（例：数字，その大小，および関係の理解に乏しい，1桁の足し算を行うのに同級生がやるように数学的事実を思い浮かべるのではなく指を折って数える，算術計算の途中で迷ってしまい方法を変更するかもしれない）
	6．数学的推論の困難さ（例：定量的問題を解くために，数学的概念，数学的事実，または数学的方法を適用することが非常に困難である）

B	欠陥のある学業的技能は，その人の暦年齢に期待されるよりも，著明にかつ定量的に低く，学業または職業遂行能力，または日常生活活動に意味のある障害を引き起こしており，個別施行の標準化された到達尺度および総合的臨床評価で確認されている。17歳以上の人においては，確認された学習困難の経歴は標準化された評価の代わりにしてもよいかもしれない。
C	学習困難は学齢期に始まるが，欠陥のある学業的技能に対する要求が，その人の限られた能力を超えるまでは完全には明らかにはならないかもしれない（例：時間制限のある試験，厳しい締め切り期間内に長く複雑な報告書を読んだり書いたりすること，過度に重い学業的負荷）。
D	学習困難は知的能力障害群，非矯正視力または聴力，他の精神または神経疾患，心理社会的逆境，学業的指導に用いる言語の習熟度不足，または不適切な教育的指導によってはうまく説明されない。

（日本精神神経学会（日本語版用語監修），高橋三郎，大野　裕（監訳）：『DSM-5精神疾患の診断・統計マニュアル』．東京，医学書院，2014，p.65-66より転載）

3. 「限局性学習症／限局性学習障害（医学）」と「学習障害（教育）」

　医学的診断であるDSM-5（APA，2013）が「読む」，「書く」，「計算する」という基礎的学習技能の領域を対象とするのに対し，教育的判断は，「読む」，「書く」，「計算する」に加えて，「聞く」，「話す」，「推論する」という基礎的学習能力まで含んでいる。DSM-5では，「聞く」，「話す」は，学習の問題として取り扱わず，別の異なる疾患としている。教育における学習障害は広義であり，医学における学習障害は狭義であると考えるとわかりやすい。

　また，教育と医学ではさらに異なる点もある。

　学習障害は略称として「LD」が使用されてきたが，医学領域ではLearning Disordersという疾患単位を示す用語が使用され，教育領域ではLearning Disabilitiesという状態像を示す用語が使用されてきた。そ

して，これらとは別に，最近では，Learning Differences という学び方の違いを示す用語も時々，使用されている。これらの違いは，現実的には専門家の専門性の違いから LD である，いや，そうではないと誤解を招くケースを生み出すかもしれない。それぞれの専門家は，相手の使用する学習障害（LD）という用語が自分の使用する学習障害（LD）と同じであると勝手に判断し，間違えないようにしなければならない。

　ところで，DSM-5では，限局性学習症／限局性学習障害を発達期に発症する神経発達症群／神経発達障害群の１つとして位置づけている。つまり，年齢が上がるとその症状が顕在化する疾患としている。基本的に生まれた時からそうであると考えられているが，学校教育段階になり，「ひらがな」，「かたかな」，「数字」を学ぶ期間は，それほど長いわけではなく，小学校１年生の２学期になると文を読み，一桁の足し算を勉強している。最初の段階からつまずくことの多い子ども達は，その結果，それらを使って学ぶ各教科等の学習内容というところまで到達できない，または到達できても並大抵でない努力が必要になる。そして，たいていの場合，その子どもは勉強することがあまり好きでなくなり，学業成績は当該年齢の平均を遥かに下回ることになる。この場合，「勉強しないからできない」という学習不足と混同され，学習方法を改善するより学習量を多くする（確保する）という教育的対応が取られることになる。学校現場で，限局性学習症／限局性学習障害の疑いのある児童生徒に気づくのは，簡単ではない。

　この限局性学習症／限局性学習障害は，医学的には，神経伝達物質，塩基配列等の視点から原因の解明が進められている。一方，心理学では「読む」，「書く」，「計算する」という基礎的学習能力に係る認知機能にその視点が置かれ，適切な対応が考えられている。

4．アセスメント

　学習障害のアセスメントによく使用される検査について述べる。学習障害は，基本的に，基礎的学習技能という能力の障害である。そのため，困難の基礎的技能の領域を一次的にスクリーニングする必要がある。学校現場では，2002年，2012年に2回にわたり，文部科学省により実施された「通常の学級に在籍する特別な教育的支援を必要とする児童生徒に関する全国実態調査」における学習面・行動面（対人面を含む）の調査項目をそのまま，一次的なスクリーニングの項目として使用している場合がある。また，標準化された調査用紙としてLDI-Rが開発されている。並行して使用されることが多いKABCとDN-CASは，ともに認知処理検査であり，能力のアセスメントを行うのに使用される。さらに，「読む」「書く」に特化した代表的な検査としてSTRAW-Rがある。以下，これらの代表的なアセスメント用の検査について概観する。

（1）WISC-Ⅳ（日本版；上野・藤田・前川・石隈・大六・松田，2010）

　WISC-Ⅳは，正式には「WISC-Ⅳ知能検査」であり，英語名は「Wechsler Intelligence Scale for Children-Fourth Edition」である。5歳0カ月～16歳11カ月までを対象に，全検査IQと「言語理解」，「知覚推論」，「作業記憶」，「処理能力」の4指標得点が算出され，能力の個人内差の検討ができる。知的障害の除外（知的発達の全般的遅れ）は，学習障害の教育的判断，限局性学習症／限局性学習障害の医学的診断ともに必要である。

（2）LDI-R（上野・篁・海津，2008）

　LDI-Rは，正式には「LD判断のための調査票」であり，英語名は

「Learning Disabilities Inventory-Revised」である。小学生・中学生を対象に，基礎的学習技能である「聞く」，「話す」，「読む」，「書く」，「計算する」，「推論する」，「英語（中学校から本格的に学習が開始される新たな言語体系）」，「数学（小学校の算数より抽象度も増し，理論的思考を必要とする教科）」の8領域および行動・社会性の2領域（全10領域）について，対象となる児童生徒の基礎的学習技能のパターンとLDのある児童生徒に見られるパターンとの一致の程度を検討できる。

（3）KABC-Ⅱ（日本版；藤田・石隈・青山・服部・熊谷・小野，2013）

　KABC-Ⅱは，正式には「心理・教育アセスメントバッテリー　日本版KABC-Ⅱ」であり，英語名は「Kaufman Assessment Battery for Children Second Edition」である。2歳6ヶ月～18歳11ヶ月までを対象に，認知尺度として「継次」，「同時」，「計画」，「学習」の4尺度，習得尺度として「語彙」，「読み」，「書き」，「算数」の4尺度を測定し，認知尺度の活用による習得の状態を評価できる（カウフマン・モデルによる分析）。この他，CHC理論モデルによる分析もできる。日本には標準化された学力検査はなかったが，習得尺度の「算数」は標準化の手続きを経た算数の学力検査である。

（4）DN-CAS（日本版；前川・中山・岡崎，2007）

　DN-CASは，正式には「DN-CAS認知評価システム」であり，英語名は「Das-Naglieri Cognitive Assessment System」である。5歳0カ月～17歳11カ月を対象に，LuriaのPASS理論に基づき，「プランニング（Planning）」，「注意（Attention）」，「同時処理（Simultaneous Processing）」，「継次処理（Successive Processing）」の4つの能力を測定できる。「注意」は主に妨害刺激への抵抗という注意の能力を測定してい

る。

（5）STRAW-R（宇野・春原・金子・Wydell，2017）

　STRAW-R は，正式には「改訂版　標準読み書きスクリーニング検査－正確性と流暢性の評価－」であり，英語名は「The Screening Test of Reading and Writing for Japanese Primary School Children-Revised」である。幼稚園年長児〜高校生までを対象に，「ひらがな」，「カタカナ」，「漢字単語」の音読と聴写，音読の流暢性，および読み書きの基礎過程の 1 つである RAN（Rapid Automatized Naming）の水準を調べることができる。

　その他，読み障害の判定には「特異的発達障害診断・治療のための実践ガイドライン（稲垣他，2010）」のひらがな音読検査が使用されることもある。

　学習障害のアセスメントは，「読む」，「書く」，「計算する」そのもののアセスメントではなく，これらの検査を組み合わせ，「読む」，「書く」，「計算する」際に使用される能力のうち，困難が生じている状態の能力について，実態を調べていることに留意する必要がある。

5. 読み書き障害「ディスレクシア」

　昔から学習障害の中で，疾病概念として最も確立されているものは，特異的読み書き障害である。特異的読み書き障害は，さまざまな呼び方がされるが，「発達性読み書き障害」または「ディスレクシア」と呼ばれることが多い。ディスレクシアの国際的組織である International dyslexia Association，2002）は，以下の**表11-5**のようにディスレクシアを定義している。

表11-5　ディスレクシアの定義

> **Dyslexia（読み書き障害）**
>
> Dyslexia は，神経生物学的原因に起因する特異的学習障害である。その基本的特徴は，文字・単語の音読と書字に関する正確さおよび流暢性の困難である。
>
> こうした困難さは，音韻情報処理過程や視覚情報処理過程などの障害によって生じる。また，他の認知的能力から予測できないことが多い。必然的に読む機会が少なくなるので，二次的に語彙の発達や知識の増大が妨げられる。
>
> さらに，失敗の経験が多くなり，自尊心が低く自信がもちにくいこともまれではない。

　私達は，文章を読んで内容を理解するのに「文・文章を読むこと（解読）」を行い，次に「読んだ内容を理解すること（理解）」を行う。これらを合わせて「読解」という。

　そして，ディスレクシアは，前者の「文・文章を読むこと」の障害であると考えられている。文字・単語・文・文章は，もともと単なる「形」である。私達は，このさまざまな形を視覚情報として処理し，それぞれの形に音を振る。これを「音韻の符号化（decoding；デコーディング）」という。そのため，視覚情報処理（解読）に失敗すると文字・単語・文・文章等がうまく読めない。また，仮に視覚情報処理はうまくいっても音韻の符号化（decoding）に失敗すると，やはり，文字・単語・文・文章等はうまく読めない。したがって，読み書き障害の場合，視覚情報処理に問題があるのか，あるとすればどのようなものであるのか，音韻の符号化に問題があるのか，あるとすればどのようなものであるのかということについての実態把握を行い，治療・指導・配慮を行うことになる。

　図11-1 に「文章の意味を理解するのに必要な能力」をわかりやすく簡易化したものを示した。学校場面では，「国語が苦手である」「文章理解が苦手である」という様子として現れてくるかもしれないが，ディス

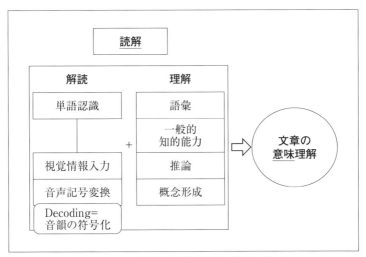

図11-1　文章の意味理解に必要な能力

レクシアは，**図11-1**の左側の部分の「解読」の能力のいずれかまたは
両方に問題があると考えられ，右側の「理解」の能力は別の障害として
考えられている。ディスレクシアの場合，「読む」＋「理解する」（読んで
理解する）であると意味理解が難しいが，「聞く」＋「理解する」（聞いて
理解する）であれば意味理解が可能になることも多い。

　なお，ディスレクシアの約80％は，視覚情報入力ではなく，音声記号
変換，つまり decoding の問題であると言われている。

　Shaywitz（2004）は，病態生理として言語の音韻障害が主たる原因
なのではないかと考えている。音韻障害とは音（音素・モーラ）の認識
と分割に困難があり，文字（綴り字）との対応づけを習得できない状態
と考えられており，左側頭・頭頂移行部の機能異常とされている。

　ディスレクシアのある子どもが，発達の過程で見せる様子を**表11-6**
に示した。

表11-6 ディスレクシアのある子どもが発達の過程で見せる様子

就学前 （保育園・ 幼稚園）	・話す時，単語の発音に微妙な間違いがある。 ・年齢よりも幼い感じの話し方が続く。 ・童謡等の歌詞を覚えるのが他の子どもより時間がかかる。また覚えても微妙に間違えている。 ・自分の名前に使われている文字が読めない，また読ませようとすると嫌がる，または関心がない。 ・しりとり遊びが上手ではない，または遅い，または嫌がる。
小学校 低学年	・一文字ずつの逐字読みから中々抜け出られない。 ・何回か読むと暗記するが，新しい文章は逐次読み。読みながらの内容理解はでき辛い。例）「ました」→「ます」，「からだ」→「かだら」 ・飛ばし読みや勝手読みが多い。 ・拗音・促音があると読めないまたは読み間違える。 ・「読む」ことだけでなく，「書く」ことはさらに大変。 ・「わたしは」の「は」を「わ」と書く。
小学校 中・高学年	・簡単な文章は読めるようになる。しかし，学年相当の複雑な文章や初出の文章は流暢に読めない。 ・すでに習っている範囲のテストと初めての文章によるテストでは，点数に差がある。 ・読み方の変わる漢字がなかなか読めない。 　例）「空（そら）」→「青空（あおぞら）」，「空気（くうき）」→「空っぽ（からっぽ）」，「左（ひだり），右（みぎ）」→「左右（さゆう）」 ・口頭で説明または代読した方が，自分で読んで理解するよりも理解がよい。 ・同学年の子どもと比べ，語彙がやや少ない。 ・読み飛ばし，読み間違いが多い。 ・見慣れない言葉の区切りや文章の区切りがわかり辛い。 ・〔算数〕計算等は得意でも文章題になると解答が出せない，または時間がかかる。 ・〔社会・理科〕授業中の理解はよいが，テストになるとできない。 ・〔テスト〕テストを行う時，他の子どもより問題文を読んでいる時間が長く，設問を解き始めるのが遅い。
中学生 高校生	・どの授業でも複雑で長い文章や細部の正確な読み取りが必要とされるため，学年の上昇に伴い，学業の困難度は増加する（成績が徐々に下がる）。 ・音読をさせられる機会が少なくなるので，読めていなくても他者にはわからない。 ・まったく読めないわけではないので，ストーリー性の高い本や文章であれば読む，または楽しむことはできる。この場合，特に本人に「読みが困難」という自覚はない。 ・英語の読みは苦手である。 ・外見的には黙読しているが，頭の中で音に変換しながら読むので，長い文章の場合，集中力が続かない。 ・思考・推論を必要とするものが得意なことがある。例）囲碁，将棋 ・長い文章を書かせると，漢字であるべき部分にひらがなが使用されていたり，カタカナであるべき部分にひらがなが使用されていることがある。

　「視覚情報入力」に困難のある場合は，視知覚（視覚的弁別・空間関係・構成）や同時処理，視覚―運動協応，視覚的短記憶等の能力について検査等で状態を知り，リハビリテーションであれば視能訓練士による「ビジョン・セラピー」，療育・教育であれば視覚的認知に関するトレーニングを実施する。また，視覚過敏性等に基づく場合は「アーレン・シンドローム」を疑うこともある。そうであるのであれば，カラー・レンズ使用等により対応する。いずれにしても眼科医による検査を受ける必要がある。

　音韻記号変換（decoding）に困難のある場合は，発達段階を考慮し，園・学校における保育・学習内容と関連させながら以下のことに取り組んでいく。

（1）幼稚園・保育園段階の対応

　この段階ではこどもに次の2つのことに順に気づかせ，小学校入学後の準備をする。ポイントは，「話し言葉は，分解できるということ」そして，「単語は，非常に小さな単位（音素）から成り立っているということ」に気づかせるということである。

　前者は，（1）韻（頭韻，脚韻）に関心を向けさせる，（2）単語を音節に分ける，（3）韻を強調して言う，（4）復唱させる，というのが指導のポイントになる。「言語」に関する指導であるが，療育・リハビリの中で心理の専門家が対象とすることもあるかもしれない。

　後者は（1）音節を拍手で数える，（2）音節をつなげ単語を生成する，（3）単語―単語間における音節の音を比較させる，（4）語頭音だけ伸ばして発音し，最初の音が何だったのかを尋ねる，（5）数枚の絵カードから同じ音で始まるものを選ばせる，（6）単語に音を付け足す，（7）数枚の絵カードを見せネーミングさせた後，「○の音で始まるのは

単語を構成する音節への気づき	●音節を拍手で数える ●音節をつなげ単語を生成する
⬇ 単語─単語間における音節の音の比較	●語頭音だけ伸ばして発音し，最初の音が何だったのかを尋ねる，さらに数枚の絵カードから同じ音で始まるものを選ばせる ●単語に音を付け足す ●数枚の絵カードを見せネーミングさせた後，「○の音で始まるのはどれ？」と尋ねる ●語頭の音と同じ音で始まる単語を言う ●語頭から語尾へ
⬇ 単語の分解	●単語を聞かせながら，音の数に合わせて手を叩かせる ●単語に音をつけたして単語を作らせる ●単語から音を取り除かせる

図11-2　幼稚園・保育園段階の「音韻の符号化」に関する指導方法の例

どれ？」と尋ねる，等の方法で実施されることが多い。図11-2に実際の指導法の例を示した。

（2）小学校低学年段階の対応

　小学校1〜2年生では「学習障害」，「限局性学習障害（DSM-5）」，「読字障害（DSM-Ⅳ）」または「ディスレクシア」と診断されることが可能になる。小学生は，早ければ1年生の1学期までにひらがな・カタカナを，遅くても2学期前半までにひらがな・カタカナを習い終える。この段階は，ひらがな・カタカナの単語を「正確に」読めること，そして「流暢に」読めることが大事である。正確に，そして流暢に読めるようになるには，多くの練習が必要である。「流暢に」というのは，コントロール可のスピード（速いだけでなく，遅くも読める），よい発音，同時の理解ができるようになることである。ある日，突然できるように

なるものではないので，繰り返しの音読が必要である。「正確な読み」は，必ずしも「流暢な読み」に発展しない。そのため，多くの練習が必要になる。この練習は，ひらがな→カタカナ→二語文・三語文と段階的に長くしていく。同時に，読みパターンに沿わない単語に関して，見て機械的に反応できるようにする「サイト・ワード」等の指導法が使用される。「読む」練習により読めるようになった後，「書く」練習をする。読む練習を行った単語を書くことにより，単語を作っている音に対する認識と，文字がどのように音を表しているかについての認識がさらに深められる。

（3）小学校中学年・高学年段階の対応

　小学校3～6年生は，国語の教科書に出てくる単語（ひらがな・カタカナ）や短い文章をスラスラと流暢に読めるように練習する，また，理科・社会の教科書・プリントの中の読めない単語を書き出し，読みの練習をするとともに意味調べ・関連図作り等を行う。

（4）中学生・高校生段階の対応

　教科等の学習において，アクティブ・リーディング（Active Reading）を身に付けることは重要である。その代表的なものである「SQ3R」は以下のようなものである。まず，「Survey（ざっと目を通す）」である。大まかな内容を事前に把握（タイトル，小見出し，序論，まとめを先に見る）し，心の準備をする。次に，「Question（質問する）」である。見出しを質問に変えてから読み出す（例：「肺の機能」→「肺の働きは何か？」）。そして，「Read（読む）」である。Question で作成した質問の答えを探しながら読み，蛍光ペン・アンダーライン等で印をつけ，重要事項をメモする。その後，「Recite（復唱する）」を行う。答えを「声に

出して」言ってみる。最後に，「Review（見直す）」。Rで印をつけたところや重要事項をメモしたものを「声に出して」読む。中学生・高校生段階は，文章も長くなるので2度読み，3度読みするとなると学習の負荷が高くなるため，これらのスキルを身につける必要がある。

さらに，1）教科書を読む前に内容を少しでも知ることができる別の手立てはないか検討する，2）読む前に発音できない単語をチェックする，3）意味から事実へとつながるトップダウン・アプローチで勉強する，ことも重要である。

「暗記・記憶」については，個別の情報を暗記する科目より，総合的な概念やアイデアを理解する，または論理的能力や分析力を活かす科目の方が強みを発揮しやすい。単なる日付や場所の名前を正確に暗記するには，高い音韻的能力が必要であり，苦手である。そのため「ノートを取ること」については，手書きは困難である場合が多い。故に，ノートパソコンを利用する，クラスメートからノートを借りる，授業を録音する等，授業内容を別の方法で再生できるものを探す必要がある。作文・小論文等は，いきなり書き出さず，まず録音してみて書きたいことをまとめてみる方が，少ない時間で課題を終えることができる。また，質問に対する「口頭での即答」については，困難である場合が多い。話し言葉は基本的に音韻ベースなので，音韻的に弱い能力があると，言いたいことの単語を即時に取り出すことができない。即答するより準備してから答えるようにする。音韻的障害を知識不足と誤解されないように周囲の理解が必要である。

「外国語学習」については苦手である。日本語と異なり，単語表記と音韻が1対1で対応していない外国語の学習はかなり困難度が高い。基本的には，避ける。「試験時間の延長・試験形式」については，試験時間の延長を許可する。どの程度の延長が適切かを判断する方法はないの

医学の臨床１

【学校生活の適応の失敗１】
抑鬱症状を呈したり，意欲
を消失することがある。

医学の臨床３

【学校生活の適応の失敗３】
破壊的な行動が生じること
もある。

医学の臨床２

【学校生活の適応の失敗２】
自尊心の低下が起こり，失
敗感覚にとらわれ，学業に
集中できなくなるにつれ，
さまざまな問題の悪化が見
られる。

図11-3　**中学生以降の「読字障害」で留意すべき症状**

で，最初は２倍程度に延長し，その後，調整していく。わかっていることを確かめるには，試験時間の延長は必要である。試験形式は，選択肢式は不利であり，論文形式の方が真の知識レベルに近いと考えられる。

　ところで，中学生以降になると，読字障害と診断された場合，以下のような症状に留意する必要がある（**図11-3**）。

　書字障害の診断のみの場合は読みの困難はないが，漢字を書くと困難が生じることが多い。綴り字の正確さ，文法や句読点の正確さ，文章の構成能力などに遅れが認められる。漢字は日本語特有であり，アルファベット圏の読字障害と別の障害である可能性も指摘されている。漢字書字困難のタイプには「視覚記銘の困難」，「空間構成の困難」，「書字の継次処理の困難」，「不器用」，「注意の持続の困難」などがある。

6. 学習障害の自己概念

(1) 全般的な自己概念

　「学習障害のある生徒」は「学習障害のない生徒」よりも自己概念が低い。「学習障害があると認識している生徒」と「学習障害はあるが認識していない生徒」の間では差はない。「学習障害があり Special Education を受けた生徒」と「学習障害があり Special Education を受けなかった生徒」では，大人になっても差はない。

(2) 学業的自己概念

　「学習障害のある生徒」の70%は「学習障害のない生徒」よりも低い。「学習障害のある生徒」と「学業不振の生徒」では差はない。学習障害のある生徒達は，学業成績が平均以下の友人と比較され続けても低くならないが，学業成績が平均以上の友人と比較され続けると低くなる。

(3) 社会的な自己概念

　「学習障害のない生徒」と比較すると，「小学校低学年の学習障害のある生徒」は差がなく，「小学校高学年の学習障害のある生徒」は低く，「高校の学習障害のある生徒」は差はない。「学習障害があり社会的な自己概念の低い生徒」は，感情的・社会的・学習的問題に脆く，受容力も低く，長い間の不幸を含蓄し，友達としての好ましさも低い。

(4) 自己概念の低さに対する介入

　学習障害のある小学生に対しては「学業に対する介入」が，学習障害のある中学生・高校生に対しては「カウンセリングによる介入」が，自

己概念の向上に効果的であると考えられる。

7．併存障害

　学習障害児では，ADHD（注意欠陥／多動性障害）のうち，不注意優勢型の併存が多い。また，ADHDのうち，予後の悪い児童生徒は，衝動性が高く重度の学習障害のあることが多い。

　また，学習困難による学習への動機づけの低下，失敗体験の連続のため，自尊心が低下し，抑うつ状態や不安状態など二次的な障害を起こしやすい状況に陥りやすい。そして，不登校状態に陥ることも少なくない。不登校状態にある児童生徒の約30％程度は，学習障害を含む発達障害があると言われている。発達性協調運動障害（Developmental Coordination Disorder：DCD）が併存し，不器用なだけでなく，空間認知に困難のある場合もある。

文献

APA (American Psychiatric Association) (2013). Diagnostic and statistical manual of mental disorders, 5th ed., Washington DC.（高橋三郎，大野　裕監訳『DSM-5精神疾患の診断・統計マニュアル』．東京，医学書院，2014）．

衛藤裕司（2006）．「高校におけるLD・ADHD・高機能自閉症等のある生徒の指導（連載講座　LD等の指導の工夫）」．『文部科学省特別支援教育課（編）季刊　特別支援教育』東洋館出版，No.22，pp45-49．

稲垣真澄，特異的発達障害の臨床診断と治療指針作成に関する研究チーム（編）（2010）．『特異的発達障害診断・治療のための実践ガイドライン―わかりやすい診断手順と支援の実際』．診断と治療社．

International Dyslexia Association (2002). Definition of Dyslexia.
https://dyslexiaida.org/definition-of-dyslexia/．

マーガレット・J・スノウリング（2008）．加藤醇子・宇野彰（監訳）紅葉誠一（訳）『ディスレクシア―読み書きのLD　親と専門家のガイド―』．東京書籍．

文部科学省（2018）．『障害に応じた通級による指導の手引き―解説とQ＆A―』．海文堂．

日本LD学会（2019）．小貫悟・村山光子・小笠原哲史（編著）『LDの「定義」を再考する』．金子書房．

Sally Shaywitz（2006）．藤田あきよ（訳）『読み書き障害（ディスレクシア）のすべて―頭はいいのに，本が読めない―』．PHP研究所．

Sally Shaywitz (2004). Overcoming dyslexia : a new and complete science-based program for reading problems at any level. Random House.

鈴木昌樹（1979）．『微細脳障害―学習障害児の医学―』．誠信書房．

The Princeton Review (2019). The K&W Guide to Colleges for Students with Learning Differences, 14th Edition. Penguin Random House.

山口薫（2000）．『学習障害・学習困難への教育的対応―日本の学校教育改革を目指して―』．文教資料協会．

12 | 発達障害者（児）の理解と支援 ―自閉症―

衛藤裕司

《**目標＆ポイント**》　自閉症は，症状の重度さ，併存する障害（知的障害，ADHD，不安障害等）の有無，発達段階等により，実に多様な様子を見せる障害である。そのため，支援はさまざまなものを組み合わせた包括的なものになる。さらに自閉症の場合，必要とされる支援は発達段階ごとに大きく変わる。ここでは，医療における診断，各発達段階の中で見られる様子，症状についての心理学的理解，効果的な介入についての紹介等を行い，個に応じた包括的支援を行うための基礎的知識を得ることを目的とする。

《**キーワード**》　自閉症，心理学的特徴，教育的観点，指導方法

1.「自閉症」の診断名

　自閉症は，1943年に Leo Kanner が「早期幼児自閉症（Early Infantile Autism）」として，11症例を発表したことに始まる。長い間，「自閉症」と呼ばれてきたが，DSM-5（APA, 2013）から，DSM-IV-TR（APA, 2000）の「広汎性発達障害（PDD）」の中にある「自閉性障害」，「アスペルガー障害」，「特定不能の広汎性発達障害（PDD-NOS）」，「小児期崩壊性障害」を１つの疾患とみなすようになり，「自閉症スペクトラム障害」という診断名が採用された。

　英語表記が「（Autism Spectrum Disorders）」であるため，頭文字を取り，「ASD」と呼ばれることが多い。１つの疾患とみなすようになっ

た理由の1つは「4つの疾患とも対応面ではそれほど変わらない」ということである。Spectrum は「連続体」という意味である。前記の疾患の間に特に明確な境目があるわけではなく，むしろ，重なっている部分も多い。このことを表すため，この Spectrum＝「連続体」という用語が使用されている。

なおここでは自閉症を「自閉症スペクトラム症／自閉症スペクトラム障害」を中心に述べ，この20年間で最も論文等に多く使用された表現である「自閉症スペクトラム障害（ASD）」の診断名で本稿を記述する。

2. 診断基準

DSM-5では，自閉症スペクトラム障害（ASD）の診断基準に「A. 複数の状況で社会的コミュニケーションおよび対人的相互反応における持続的な欠陥」と「B. 行動，興味，または活動の限定された反復的な様式」の2つを定めている。自閉症スペクトラム障害（ASD）と診断されるためには，「A. は3項目すべて，B. は4項目中2項目以上」の全5項目以上，満たす必要がある。DSM-5の診断基準を**表12-1**に示す。

なお，A. を満たしてもB. を満たしていない場合，自閉症スペクトラム障害（ASD）とは診断されず，「社会的（語用論的）コミュニケーション症／社会的（語用論的）コミュニケーション障害」と診断される。

また，以前のDSMには3歳以前の発症という年齢基準があったが，これは緩められ，成人以降の発症も許容されている。

DSM-5の出版にあたってなされた根本的な変更は前述したが，自閉性障害，アスペルガー障害，PDD-NOS，小児期崩壊性障害，Rett 障害という亜型分類を撤廃し，Autism Spectrum Disorder（ASD）という単一の診断基準にまとめた（Rett 症候群は除く）ことと，自閉症スペクトラム障害（ASD）を定義する症状を従来の，①社会性の障害，②コ

表12-1　DSM-5における自閉症スペクトラム症／自閉症スペクトラム障害の診断基準

以下のA，B，C，Dを満たしていること。
A　社会的コミュニケーションおよび相互関係における持続的障害(以下の3点)
　1　社会的・情緒的な相互関係の障害
　2　他者との交流に用いられる非言語的コミュニケーション（ノンバーバル・コミュニケーション）の障害
　3　年齢相応の対人関係性の発達や維持の障害
B　限定された反復する様式の行動，興味，活動（以下の2点以上）
　1　常同的で反復的な運動動作や物体の使用，あるいは話し方
　2　同一性へのこだわり，日常動作への融通の効かない執着，言語・非言語上の儀式的な行動パターン
　3　集中度・焦点づけが異常に強くて限定的であり，固定された興味がある
　4　感覚入力に対する敏感性あるいは鈍感性，あるいは感覚に関する環境に対する普通以上の関心
C　症状は発達早期の段階で必ず出現するが，後になって明らかになるものもある。
D　症状は社会や職業その他の重要な機能に重大な障害を引き起こしている。

（日本精神神経学会（日本語版用語監修），高橋三郎，大野　裕（監訳）：『DSM-5精神疾患の診断・統計マニュアル』．東京，医学書院，2014を基に作成）

ミュニケーションの障害，③反復的・限定的行動（repetitive/restricted behavior：RRB）の3つから，①社会的コミュニケーションの障害，③反復的・限定的行動（repetitive/restricted behavior：RRB）という2つに再編・統合したことである。

　そして，診断基準Bの1つの症状として「感覚処理の障害」が加えられた。この異常は，視覚，聴覚，触覚，痛覚，嗅覚，口腔感覚，味覚，温度感覚等の各種で生じる。臨床的には，過敏または鈍麻（過鈍）等，感じ方の程度で分類される場合が多く，古くから，特定音への嫌悪（聴覚過敏），特定素材の着物の嫌悪（触覚過敏），痛がらない（痛覚鈍麻），偏食（嗅覚・口腔感覚・味覚過敏）等の様子が，事例研究の中等で描か

れてきた。また，これらの第１次的な感覚処理に加え，高次な感覚処理の障害も生じていると考えられている。この異常は，複数種の感覚処理時に現れ，特に，主感覚の処理中に，別種の感覚処理が加わった時に生じやすい（Kern, Trivedi, Grannemann, Garver, Johnson, Andrews, Savla, Mehta, & Schroeder, 2007）ことが知られている。

　自閉症スペクトラム障害（ASD）は，自閉症状の重症度，発達段階，歴年齢（生活年齢）等により様子が大きく変化する。また，自閉症状の程度や併存する他障害（特に，知的障害）の程度により，生活全般に支障のある人もいれば，ほとんど支障なく生活を送っている人もいる。自閉症スペクトラム障害（ASD）は幅広い臨床像を示す。そのため，個に応じた支援が必要である。

3．併存障害

　自閉症スペクトラム障害（ASD）児者の多くは，知的障害や言語障害，注意欠陥／多動性障害（ADHD），不安，睡眠障害，摂食障害，てんかん発作等，治療を必要とする疾患が併存する。自閉症スペクトラム障害（ASD）の約70％は何らかの併存障害があると言われている。AAP（American Academy of Pediatrics）は，自閉症患者の約40％に知的障害があり，学齢期の小児および成人の自閉症患者では40～60％に不安障害がある（Susan, Susan, and Myers, 2020）と報告している。また，DSM-5から，これまで併存障害として診断するようになっていなかった注意欠陥／多動性障害（ADHD）の併存が認められるようになっている。

4．原因

　自閉症スペクトラム障害（ASD）の原因は未だ特定されていない。しかし，Wing and Gould（1979）の指摘以来，現在まで何らかの脳の機能障害であるとされている。それ以前に言われていたしつけの仕方や愛情不足等の保護者の育て方が原因であるという考え方は，現在では否定されている。脳の機能障害が生じる一因として，遺伝的要因に環境的要因が付加したことによる発現が疑われているが，今のところ明確なことはわかっていない。自閉症スペクトラム障害（ASD）の候補遺伝子として現在まで100を超える候補遺伝子が見つかっているが，すべての自閉症スペクトラム障害（ASD）症例の候補遺伝子の変異が観察されているわけではない（土谷，2018）。また，自閉症スペクトラム障害（ASD）に対する遺伝因子の寄与の割合は，従来考えられていたほど高くない（土谷，2018）。

　自閉症スペクトラム障害（ASD）児者の脳は，生まれた時はやや小さめであり，2歳〜5歳の段階で容量が正常範囲を逸脱して大きくなり，その後，鈍化して成人段階では定型発達と変わらなくなる。幼児期の脳の容量の増大は，前頭葉，側頭葉，頭頂葉の高次機能を司る領域で起こり，このことは，複数の領野を結びつける神経回路形成の失敗を意味しているのではないかと考えられている（Courchesne, Carper, and Akshoomof, 2003）。

5．疫学

　国際的には，自閉症スペクトラム障害（ASD）の出現率は，160人に1人の割合である。しかし，これはいくつかの研究の平均的な出現率であり，よくコントロールされた研究では，自閉症スペクトラム障害

（ASD）の出現率はさらに高くなる（WHO，2019）。

その代表的な研究が 8 歳児を対象にした米国疾病管理予防センター（CDC）の統計である。2004年の疫学調査では166人に 1 人であったが，2014年の調査では88人に 1 人と倍に，そして2018年の調査では59人に 1 人と徐々に増えている（CDC，2018）。特に増えているのは，知的障害のない自閉症スペクトラム障害（ASD）である。自閉症スペクトラム障害（ASD）は，性比（男女比）が 4 ： 1 に近いことから，前述した自閉症スペクトラム障害（ASD）の原因として，遺伝的要因が関与しているのではないかと考える根拠になっている。

自閉症スペクトラム障害（ASD）が増加している理由については，「気づき（awareness）の向上」，「診断基準の拡大」，「診断用ツールの質的向上」（WHO，2018）が挙げられている他，「教育・福祉における提供サービスの充実」等もその理由なのではないかと考えられている。その一方で，自閉症スペクトラム障害（ASD）そのものが増加しているのではないかとする考えもある。

6．診断／判定のための検査

自閉症スペクトラム障害（ASD）の診断，疑いの判定，症状の把握のため，以下の**表12-2**のような検査が使用されることがある。

知能検査に関しては，自閉症スペクトラム障害（ASD）に特化された知能検査はない。他の発達障害や知的障害と同じように，ウェクスラー式知能検査（WIPPSSI，WISC，WAIS），田中ビネー知能検査等がよく使われる。特定の認知処理能力に関しては，DN-CAS 認知評価システム，K-ABC 心理・教育アセスメントバッテリー，言語能力の測定に関してはITPA 言語能力診断検査など検査間で標準化されている検査を使用し，各検査間で評価点を比較し，認知処理能力の全体像を明らか

にしようとする。

　また，社会生活能力に関しては，バインランド適応行動尺度（Vineland Adaptive Behavior Scales）が使用される。バインランド適応行動尺度は，０歳から92歳を対象として，発達障害，知的障害，精神障害のある人達の適応行動の水準を測定する検査である。

表12-2　自閉症スペクトラム障害（ASD）または発達障害に特化された診断・判定用の検査の例

診断	ADOS （Autism Diagnostic Observation Schedule：エイドス）	「言語と意思伝達，相互的対人関係，遊び／想像力，常同行動と限定的興味，他の異常行動」の特徴的な側面の評価，DSM の診断基準に基づく自閉症スペクトラム障害（ASD）の判定，自閉症スペクトラム障害（ASD）の症状の程度の判定ができる。
	ADI-R （Autism Diagnostic Interview-Revised：エイディアイアール）	精神年齢が２歳０カ月以上であれば，幼児から成人まで，幅広い年代に対応している。DSM-Ⅳの診断基準である「相互的対人関係の質的異常」「意思伝達の質的異常」「限定的・反復的・常同的行動様式」に焦点が当てられ，自閉症スペクトラム障害（ASD）の判定を行う。
	CARS （Childhood Autism Rating Scale Second Edition）（小児自閉症評定尺度）	自閉症スペクトラム障害（ASD）の症状程度の判定ができる。２歳以上の対象者に実施でき，言語水準などの機能レベルにかかわらず評定できる。観察，面接，その他の資料に基づく包括的な情報を使用する。
スクリーニング	PARS （Parent-interview ASD Rating Scale）（親面接式自閉スペクトラム症評定尺度）	自閉症スペクトラム障害（ASD）の発達・行動症状について，主養育者と面接し，その特性存否の可能性と程度を評定する。対人，コミュニケーション，こだわり，常同行動，困難性，過敏性の評価を行うため57項目から構成されている。
その他	SP 感覚プロファイル	聴覚，視覚，触覚，口腔感覚等の感覚に関する125項目の質問票に保護者と本人が記入し，感覚特性を把握する。結果は，４つの象限（低登録，感覚探求，感覚過敏，感覚回避）に分類される。

7. 年齢ごとの特徴

　自閉症スペクトラム障害（ASD）の様子は年齢・成長とともに変化する。症状の程度等により個人差は大きいが，発達段階別によく見られる様子は以下の**表12-3**の通りである。

表12-3　自閉症スペクトラム障害（ASD）でよく見られる様子（発達段階別）

発達段階	様子
乳児期 （0歳〜1歳）	視線を逸らす・あまり顔を見てこない・後追いをあまりしてこない（対人選好），親が視線を向けている先に視線を向けない（共同注意），抱っこした時，しっかりとしがみついてこない（重い感じがする），社会的微笑が少ない（情動の共有），1歳頃，数語を話さない（知的障害のない自閉症スペクトラム障害（ASD）の子どもでも言語発達の遅れのあることが多い（小学校就学前には，catch upする））。
幼児期 （1歳〜 小学校就学前）	**（1）周囲にあまり興味を持たない傾向がある** 　視線を合わせようとしない，他の子どもに興味をもたない，一緒に遊ぼうとしない（物刺激などからの視覚的注意の停止・切り変え），名前を呼ばれても振り返らない，興味のあるものを指さし，人に伝えようとしない（叙述の指さし）。主体的に大人と共同遊びをせず，受動的に遊ぶ（情動の共有，人刺激への反応）。 **（2）コミュニケーションを取るのが困難** 　知的障害を伴う自閉症スペクトラム障害のある子どもは，言葉の遅れや，オウム返しなどの特徴がみられる（即時性エコラリア，遅延性エコラリア）。会話においては，一方的に言いたいことだけを話したり，質問に対してうまく答えられないなどの様子を見せる（適切な相互作用の困難）。定型発達の子どもが友達とのごっこ遊びを好むのに対し，自閉症スペクトラム障害（ASD）のある子どもは，ごっこ遊びやふり遊びに興味を示さない（表象の障害）。 **（3）強いこだわりを持つ** 　興味のあることへの同じ質問を何度もする。つまり，結果がわかっていることを何度も繰り返す（結果ではない方法・手続きへのこだわり）。また，日常生活においてこだわりを持つことが多く（物刺激・人刺激に関わらない複雑な刺激下での反応），違ったり，遮られたりすると混乱する・パニックになる。

児童期 （小学校就学〜 卒業）	**（1）集団になじむのが難しい** 　年齢相応の友人関係のないことが多い。周囲にあまり配慮せず，自分の好きなようにものごとをしてしまうことが多い（心の理論）。人と関わる時は何かしてほしいことがある時が多く（要求機能），基本的に1人遊びを好む。人の気持ちや意図を汲み取ることを苦手とする（心の理論）。 **（2）臨機応変に対応するのが苦手** 　ルールが具体的に決められていることを好む。場面に応じて，対応することが苦手である（実行機能，注意の停止・切り替え）。 **（3）どのように・なぜといった説明が苦手** 　言葉をうまく扱えず，単語を覚えても意味を理解することが難しい（意味理解，概念化）。また，自分の気持ちや他人の気持ちを言葉にするとか，想像したりするのが苦手である（心の理論，推論）。また，問いに対する説明がうまくできないこともある（問題解決）。
思春期〜成人期（小学校卒業〜）	**（1）不自然な喋り方をする** 　抑揚がない，不自然な話し方が目立つ場合がある（音韻機能，情動）。 **（2）人の気持ちや感情を読み取るのが苦手** 　コミュニケーション能力が低く，人が何を考えているのかと考えるのを苦手とする（高次の心の理論，想像）。 **（3）雑談が苦手** 　目的の無い会話をするのが難しい（語用機能）。 **（4）興味のあるものにはとことん没頭する** 　物事に強いこだわりをもつ。そのため，興味のあることに深く没頭する。その分野で大きな成果を上げられることもある（創造）。

8．自閉症スペクトラム障害（ASD）の心理学的理解

　自閉症スペクトラム障害（ASD）の原因が，脳のどのような機能障害であるのかということは現時点では明確ではない。また，脳科学の理論・モデルの原点となる心理学的理解もすべての症状を説明できるものは今のところない。しかしながら，明確な原因がわからない現在，以下に示す心理学的理解の視点から自閉症スペクトラム障害（ASD）児者

の実態把握を行うことは，部分的にはなるが，療育・教育そして配慮の提供に役立つ。これらの心理学的理解は，自閉症スペクトラム障害（ASD）児者そのものを理解するというより，自閉症スペクトラム障害（ASD）児者の生活している「場面ごとの視点」として，理解のため使用していくことが重要である。

（1）心の理論（Theory of Mind）・情動の共有の障害

　「心の理論」は，他人の思考や感情を想像する能力である。人は，周囲の世界を理解し，そこで何が起こっているかを具体的（観察できる他人の行動）にではなく，抽象的（背後にある意図・願望・希望・感情）にとらえる。この能力がなければ，人は，他人の行動を「見えた通りに」解釈する。自閉症スペクトラム障害（ASD）は，「他者の信念を推定することと，認知の中に他者のある行動の動機・信念を推測し，その推定に基づいて他者の次の行動を予測することを他者理解とした時，自閉症はその能力が制限されている（Baron-Cohen, 1985）」と言われている。また，推論を中心とする「心の理論」の障害だけではなく，ミラー・ニューロンのシステム障害が模倣の障害を引き起こし，そのため，他者の動きだけではなく，他者の痛み，他者の感情を自らの情動システムにマッチングさせ共有する「共感」の障害も想定されている（Decety and Lamm, 2006）。

（2）中枢統合（Central Coherence）の障害

　中枢統合は，多様な情報から中心的で主要な情報や課題を選択的に取り出し，より高次の意味や概念にまとめあげる能力である。この能力に障害があると，「全体と部分との関係がとらえにくい」，「重要でない部分に過剰に集中する」等の問題が生じる。自閉症スペクトラム障害

（ASD）の場合,「断片的な情報処理に問題は少ないが，全体を統合することとと，そして，それに意味を見出すことに困難が生じる（Frith, 1991）」と言われている。知的障害のある自閉症スペクトラム障害（ASD）の場合，例えば，ジグソーパズルをすると，ピースの絵柄ではなく，形状に注目する。そのため，絵柄が逆であったり，無地であったりしても組み立てることができる。

（3）実行機能（Executive Function）の障害

　目的を達成するため，計画を立て，その目的を達成するため1つの方略（戦略）を維持する能力である。「ワーキング・メモリー（作業用短期記憶）」に，①その目的，②方略（戦略），③一連の出来事の記憶・保存，④モニタリング（監視）を行う。この能力により，人は目先の欲求を後回しにすることができる。自閉症スペクトラム障害（ASD）は，この能力が障害されている。そのため，障害の程度が重度であると，課題遂行の状態が極めて悪くなると考えられている。

（4）手続き学習（Procedural Learning）

　自閉症スペクトラム障害（ASD）は，「知識」，「具体的事実」に関する記憶（言語記憶）は良好である。それに対し，正常な学習過程では，学習内容は繰り返しにより，多かれ少なかれ自動化（記憶）されていく。そして，必要があると自動的に検索される。これを「手続き学習」という。自閉症スペクトラム障害（ASD）は，この手続き学習の内容の中でも，特に，「実用的な技能の（手続きの）検索」に重度の障害があることがよくある。

9. 治療・支援

　自閉症スペクトラム障害（ASD）への治療のゴールは，今のところ，（1）中心的な症状（社会的なコミュニケーション・相互作用の欠如と常同反復的な行動・興味）と併存的な症状の低減，（2）「学習能力の促進」と「適応行動スキルの獲得」の最大化，（3）機能的スキルを妨害する問題行動（Challenging Behavior）の低減，である。そして治療のための介入は，教育，発達的介入，行動的介入の中で実施される。治療の方法は，年齢によって，また，その子どもの長所（strength），短所（weakness）によって変わる。例えば，自閉症スペクトラム障害（ASD）と診断された幼児であれば，行動的および発達的アプローチを含む。そして，特別化された幼稚園のプログラムに通園する。行動的・発達的介入で学ばれたスキルが統合されて使われるよう，年長児になるにつれ，教育的セッティングが必要になる。

　National Autism Center（2015）は，22歳以下の自閉症スペクトラム障害（ASD）児者に対し，十分なエビデンスのある効果的な14の介入を紹介している（表12- 4）。ほとんどは，応用行動分析（Applied Behavior Analysis），行動心理学（Behavioral Psychology），積極的行動支援（Positive Behavior Supports）によるものであり，それ以外は発達心理学（Developmental Psychology），障害児教育（Special Education），言語病理学（Speech-Language Pathology）によるものもある。

　また，National Autism Center（2015）によると，22歳以上の自閉症スペクトラム障害（ASD）のある人を対象に確立されているのは，行動的介入（Behavioral Interventions）のみである。行動的介入とは，適応的な（適切な）行動を増やして，問題行動（challenging behaviors）を減少させる応用行動分析によるものである。

表12-4　自閉症スペクトラム障害（ASD）に有効な介入

1．行動的介入（Behavioral Interventions） 2．認知行動的介入（Cognitive Behavioral Intervention Package） 3．包括的行動治療―幼児対象―（Comprehensive Behavioral Treatment for Young Children） 4．表出言語訓練（Language Training（Production） 5．モデリング（Modeling） 6．自然な教授方略（Natural Teaching Strategies） 7．ペアレント・トレーニング（Parent Training） 8．ピア・トレーニング（Peer Training Package） 9．中軸型反応訓練（Pivotal Response Training） 10．スケジュール（Schedules） 11．スクリプト（Scripting） 12．セルフ・マネージメント（Self-Management） 13．ソーシャルスキル・トレーニング（Social Skills Package） 14．物語準拠型指導（Story-based Intervention）

　自閉症スペクトラム障害（ASD）の臨床ニーズは，認知，言語，運動・動作，身辺自立，社会性，情動，集団適応，問題行動，余暇，就労，心理的併存症など広範囲の領域にまたがり，また，それらは成長に伴って変化する。幼児期が終わり就学しても，対人関係や社会性に関する適応や，問題行動や精神疾患の併存に対して，その都度，状態に合わせた支援が必要になる。

10．行動的介入

　自閉症スペクトラム障害（ASD）に対する最もポピュラーな行動的アプローチは，応用行動分析（ABA；Applied Behavior Analysis）である。応用行動分析は，「行動原理から導き出されるストラテジーを社会的に重要な行動を改善するために組織的に応用し，実験を通じて行動の

改善に影響した変数を同定する科学である」と定義されている。臨床的には，応用行動分析はプログラムではなく，教えるための「技術」であると理解できる。したがって，教える「内容」は，対象者により異なる。

　よく使用される就学後以降の応用行動分析によるアプローチは，「学習のための教育的アプローチ」と「問題行動や併存症に対する治療的アプローチ」に大別できる。

　前者には，読み書きに始まる各教科等の指導，学校適応のための社会的スキルの指導，家庭生活で使用するスキルの指導（食事，着替え，入浴，清掃，金銭管理等），地域生活におけるスキルの指導（買い物，公共施設の利用，交通機関の利用，地域行事への参加等），青年期以降における就労のための準備指導等がある。これらの幅広い領域に対し，応用行動分析の基本的技法の中では，課題分析（Task Analysis），連鎖化（Chaining），系統的プロンプト（Systematic Prompting），プロンプトとフェイディング（Prompt and Fading），見本合わせ訓練（Matching to Sample），断続型試行（Discrete Trial Settings），シミュレーション訓練（Simulation Training），トークン・エコノミー（Token Economy），ビデオ・モデリング（Video Modeling）等はよく使用される。

　また，自傷行動，他傷行動，破壊的行動等の問題行動（Challenging Behavior）に対しては，機能分析（Functional Analysis）や機能的コミュニケーション訓練（Functional Communication Training）等による適切な代替行動を教えるアプローチが効果を上げている。

11. 自閉症スペクトラム障害（ASD）の支援をする上で心に留めること

　自閉症スペクトラム障害（ASD）は，早期から療育が重要である。

「学習」することのできる自閉症スペクトラム障害（ASD）児者は，障害のあることにより困難の生じる場面を，その「学習したスキル」を使い，乗り越えていく。そのため，教えられる能力，つまり「学ぶ能力」を向上させていくことが鍵となる。そして，「学ぶ内容」は自閉症の重症度，併存障害（特に知的障害）の有無，環境，年齢により変えていかなければならない。また，変わっていかなければならない。

　自閉症スペクトラム障害（ASD）児者は，二次的問題をもちやすい。自閉症スペクトラム障害（ASD）の二次的問題とは，例えば，対人関係が上手くいかず，いじめの被害を受けたり，不登校や社会的ひきこもりになったり，保護者や周囲の期待に応えられず，怒られ続けられたりして，うつや不安障害などの併存障害を発症するというようなことである。

　年齢を重ねながら自己理解を深め，同時にその時に生活している環境の中で必要な場面ごとの適応スキルを学び，それらを使いながら生活を行う中で，自分が成長している「成長感」を感じ，生活していくことが重要である。

文献

APA (American Psychiatric Association) (2013). Diagnostic and statistical manual of mental disorders, 5th ed., Washington DC. （高橋三郎，大野　裕監訳『DSM-5 精神疾患の診断・統計マニュアル』．東京，医学書院，2014）．

Baron-Cohen, S., Leslie, A. and Frith, U (1985). Does the Autistic Child Have a Theory of Mind?. Cognition, 21(1), pp.37-46.

CDC (Centers for Disease Control and Prevention) (2018). Prevalence of Autism Spectrum Disorder Among Children Aged 8 Years. Autism and Developmental

Disabilities Monitoring Network, 11 Sites, United States, 2014 (Surveillance Summaries / April 27, 2018 / 67(6), 1-23). Page last reviewed : November 15, 2018.

Courchesne, E., Carper, R., and Akshoomoff, N. (2003). Evidence of brain overgrowth in the first year of life in autism. JAMA, 290(3), pp337-344.

Decety, J., and Lamm, C (2006). Human empathy through the lens of social neuroscience. The Scientific World Journal, 6, pp.1146-1163.

Kanner, L. (1943). Autistic disturbances of affective contact. Nervous Child, 2, pp 217-250.

Jean, Decety., and Claus, Lamm. (2006). Human Empathy Through the Lens of Social Neuroscience. The Scientific World JOURNAL, 6, pp1146-1163.

Kern JK 1, Trivedi MH, Grannemann BD, Garver CR, Johnson DG, Andrews AA, Savla JS, Mehta JA, and Schroeder JL. (2007). Sensory correlations in autism. Autism, 11(2), pp123-134.

Lord, C., Rutter, M., and Le, Couteur, A. (1994). Autism Diagnostic Interview-Revised : a revised version of a diagnostic interview for caregivers of individuals with possible pervasive developmental disorders. Journal of Autism and Developmental Disorders, 24, pp659-685.

National Autism Center (2015). National Standards Report, Phase 2 (2015). https://www.nationalautismcenter.org/national-standards-project/phase-2/

Schechter, R., and Grether, JK. (2008). Continuing increases in autism reported to California's developmental services system -mercury in retrograde-. Arch Gen Psychiatry, 65, pp19-24.

Simonoff, E., Pickles, A., Charman, T., Chandler, S., Loucas, T., and Baird, G. (2008). Psychiatric disorders in children with autism spectrum disorders―Prevalence, comorbidity, and associated factors in a population derived sample. Journal of the American Academy of Child and Adolescent Psychiatry, 47(8), pp921-929.

Susan, L, Hyman., Susan, E, Levy., Scott and M. Myers (2020). Identification, Evaluation, and Management of Children with Autism Spectrum Disorder. Pediatrics. 145(1), pp1-64.

土谷賢治（2018）．最新の自閉症スペクトラム症研究の動向―①疫学（有病率）研究，②環境因子研究，計算論的モデル研究を中心に-．そだちの科学，No. 31，pp10-17.

WHO (World Health Organization) (2019). Fact Sheet -Autism spectrum disorders-. 7, November, 2019. https://www.who.int/news-room/fact-sheets/detail/autism-spectrum-disorders.

Wing, L., and Gould, J. (1979). Severe Impairments of Social Interaction and Associated Abnormalities in Children ―Epidemiology and Classification―. Journal of Autism and Developmental Disorders, 9, pp11-29.

13 | 乳幼児期における障害とその支援

徳永　豊

《**目標&ポイント**》　乳幼児における障害とその支援を中心に取り上げ，親への支援のあり方や早期発見・療育の重要性について考える。障害があることは，どの時期にどのような経緯でわかるのだろうか。また，乳幼児の親や家族に対してどのような支援があるのか。さらに，保育所や幼稚園での支援はどうなっているのか，就学する学校を決定する取り組みは，どのようになっているのかについて取り上げる。障害への気づきから子育て支援の活用，また保育所や幼稚園における取り組み，小学校への就学移行などにおいて，心理専門職に期待されていることを理解する。
《**キーワード**》　母子保健，乳幼児健康診査，早期発見と療育，保育所・幼稚園での支援，就学相談

1. 乳幼児の育ちと母子保健

　親であれば，生まれてきたわが子に「健康に育ってほしい」と思うのは当然であろう。しかしながら，生まれてくるすべての乳児が「健康に育つ」わけではない。病気がちであったり，場合によれば出産とともに障害が明らかになったりすることもある。また，気がかりな行動があって経過の中でその障害が明らかになることもある。ここでは，まず乳幼児の障害とその支援を考える前提として，母子保健を通して，誕生した乳児が健康に育つ状況をどのように見守っているのかを取り上げる。

（1）保健指導による心理的支援

　妊娠期においては，妊婦の健康を守り胎児の成長を確認するために母子健康手帳が交付され，医療機関などで妊婦の**健康診査（健診）**が行われている。これを受けることで，病気などに早く気づき，早く対応することができる。また，相談・指導や母親学級・両親学級の紹介，各種の情報提供などを保健師等から受けることができる。

　出産後においては，生後4か月までの乳児のいる家庭を保健師等が訪問し，子育て支援に関する情報提供や養育環境の把握を行う「**乳児家庭全戸訪問事業**（こんにちは赤ちゃん事業)」がある。

　また，支援が必要な家庭に対して，保健師・助産婦・保育士等が家庭・居宅を訪問し，養育に関する指導・助言を行う「**養育支援訪問事業**」を活用することもできる。さらに，子育てに取り組んでいる親同士が子どもとともに気軽に集い，相互交流を行い，子育ての不安・悩みを相談できる場を提供する「**地域子育て支援拠点事業**」が展開されていて，市町村で「子どもプラザ」「わんぱく広場」等の名称で支援・相談が行われている。

　これらの事業は，基本的にはすべての乳児を対象にその成長と健康を確認し，心配や不安があれば，相談・支援サービスにつなぐものである。事業を展開し相談を実施する中で，乳児の病気や障害を発見することがある。

（2）乳幼児健康診査など（1歳6か月児，3歳児など）

　また，乳幼児が健康に育っているか，その身体発育および精神発達の状況を確認するものに，「**乳幼児健康診査（健診）**」がある。その結果に基づいて適切な指導が行われ，場合によっては視覚や聴覚，運動の障害，発達の遅れや気になる行動等が明らかとなることがある。

　市町村に実施が義務づけられている健診としては，「**1歳6か月児健康診査**」と「**3歳児健康診査**」があり（母子保健法第12条），2017年の受診率は「1歳6か月児健診」が96.2%，「3歳児健診」が95.2%と高い（厚生労働省，2019a）。

　「1歳6か月児健診」は，満1歳6か月を超え満2歳に達しない幼児を対象としている。歩行の状況や言語発達などを確認し，発達の遅れのチェックを含めて，幅広く身体発育，精神発達の診査が行われる。

　また，「3歳児健診」は，満3歳を超え満4歳に達しない幼児を対象としている。運動や言語の発達に加えて，対人関係の広がりや認知発達の確認を含めて，幅広い診査が行われる。

　発育や発達の個人差を考慮しながら，これらの健診の結果が検討される。心身の発達に障害等の可能性がある場合は，医療機関または児童相談所等においてより精密に健康診査を行うように相談・指導が行われる。

　全国共通の2つの健診に加えて，市町村が独自に実施している健診（母子保健法第13条）としては，1か月児健診，3か月児健診等があり，その時期は市町村の判断となる。

　近年においては，「**5歳児健診**」を行う市町村が増加してきている。3歳以降で小学校に就学する前の段階において，発達障害のある幼児に対する早期の気づきを促す試みである。「対人関係が苦手」「落ち着きがない」等の幼児の特性を把握し，親や保育士，幼稚園教諭が適切に支援することで，就学前の集団生活を円滑に送ることにつなげようとするものである。

　さらに，幼稚園や保育所での**健康診断**や地方自治体が実施する学校教育の準備のための**就学時健康診断**がある。

2．障害がわかる時期とその特徴，および発達支援

　乳幼児の場合には，親や保健師等による気づきまたは健診の結果からその障害が明らかになる場合が多い。障害の種類によって早期に明確に判断・診断できるものもあれば，障害の可能性に不安を感じながら，なかなか明確な判断・診断ができないものもある。なお，診断については医師のみが可能となっている。

（1）障害がわかる時期とその特徴

　表13-1に時期ごとに，どのような障害がわかるのかを示した。

a）出産前後にわかる場合

　出産前後に，遅くても生後1か月までに明らかとなる障害がある。ダウン症や四肢等の形成不全などがあげられ，これらは外見から異常がわかる障害である。突然の告知になることが多く，親のショックは大きく，その心理的な支援が重要になる。

表13-1　障害がわかる時期と障害の種類

障害がわかる時期	障害の種類
出産前後にわかる場合	染色体異常によるダウン症など，四肢体幹等の形成不全・欠損（口蓋裂を含む）など，新生児聴覚スクリーニング検査による聴覚障害など
乳児期から3歳頃まで，3歳児健診などでわかる場合	視覚障害，聴覚障害，重度な知的障害，脳性まひ，重度な自閉症，吃音・構音障害など
保育所等の日常生活における行動からわかる場合	知的障害（重度を除く），自閉症（重度を除く），注意欠陥多動性障害（ADHD）など
学校に入学してからわかる場合	学習障害，選択性かん黙・不登校などの情緒障害など

＊さまざまな状況があるので，わかる時期は前後することがある。

b）乳児期から 3 歳頃まで，3 歳児健診などでわかる場合

　次に，幼児が 3 歳になるまでにわかる障害がある。視覚障害や聴覚障害，肢体不自由などに加えて，発達の遅れや偏りで障害が重度なものである。発達に遅れや偏りがあってもその程度が重度でない場合には，この段階では明確に判断できない。

c）保育所等の日常生活における行動からわかる場合

　さらに，5 歳前後にわかる障害がある。親子などの大人との対面場面では問題が少なく，保育所等での集団場面において適切に行動できず，障害がわかる場合がある。発達に関する障害で，中度から軽度の障害がこれにあたる。この場合は，落ち着きがない等と親が子どもへの対応で悩み苦しんだ結果に，障害が明らかになることがある。

d）学校に入学してからわかる場合

　最後に，学校に就学してから明らかになる障害で，教科等の学習に取り組むことで，また学校に通うという前提があるからこそ気づく障害がある。学習障害や選択性かん黙などである。

　選択性かん黙とは，言葉を話したり理解する能力には問題がないものの，保育所や学校などの社会的な場面などで声を出したり話したりすることができない状態をいう。場面ごとで行動が異なるので「選択性」であり，「場面かん黙」ともいう。選択性かん黙は不安や緊張が高い場合が多く，心理的な理由によるとされており，情緒障害教育の対象となっている。

（2）早期からの発達支援について

　親や保健師等の気づき，または健診の結果からその障害が明らかになった場合に，どのような発達支援や子育て支援があるのだろうか。子どもの障害を軽減したり，その影響を最小限にしたり，よりよい発達を

促したりする意味で，さらには親支援の視点からも重要な活動となる。

a ）障害支援として

　障害のある子どもに対する施設・事業については，市町村が実施主体である「**通所支援**」と都道府県が実施主体である「**入所支援**」（福祉型施設，医療型施設等）に分かれている（厚生労働省，2019b）。

　通所支援については，「**児童発達支援**」（児童デイサービス，通園施設）や「**医療型児童発達支援**」（療育センター，医療機関）が位置づけられている。身近な地域で質の高い支援・療育を受けられる場を提供しようとする取り組みである。また，この通所支援には，市町村が責任を持って実施する放課後等デイサービスや保育所等の訪問支援なども含まれる。

b ）人口規模の違いから

　この早期からの発達支援については，市町村の規模によってその活動の概要も大きく異なる。大規模の市であれば対象とする子ども数も多く，専門的な療育センターなどは設置しやすい。しかしながら小回りのきく，顔の見えるつながりは希薄になりやすい。他方で人口５万人程度の小規模な市であれば，専門的な療育センターの設置は難しいけれども保健師等による支援は小回りがきき，つながりの強い支援体制が可能になる。

　例えば，人口100万人規模のある自治体には３つの療育センターがあり，その療育センターには，診療部門，療育部門（相談・通園・外来・地域支援）が置かれている。さらに療育センター以外に，障害のある子どもの通園施設が５か所あって療育と親の支援を行っている。

　人口５万人規模のある自治体では，療育センターはなく，市役所の保健福祉部が子育て支援と発達支援を展開していて，支援グループを区別して，「診断はないが発達が気がかりな相談グループ」「診断がある本格

的な療育グループ」などで発達支援をしている。

（3）早期発見と療育の重要性

　保健指導や乳幼児健診などを活用して，早い時期に障害の兆候を把握する取り組みが展開されている。そして，その可能性がある場合には，できる限り早い段階から適切な療育・支援が必要となる。これらの早期発見，早期からの療育には，どのような利点があるのだろうか。

　第一には，**子どもの発達を確かなものにしていく点**である。乳幼児期は，発達的な変化が顕著な時期であり，また可塑性が高い時期でもある。その時期に適切な体験を積み重ねることで発達が進む。例えば，視覚障害や聴覚障害がある場合には，見ることや聞くことを通しての外界の情報を得ることができない。早期に外界の情報を得る特性について，周囲の大人が理解できると，子どもの得意な方法を中心に働きかけを工夫することで，情報不足を補うことができる。そのような工夫によって，子どものよりよい発達を確かなものにできる。

　第二には，**親や周囲の大人の働きかけを確かなものにしていく点**である。子どもの発達が心配で，自らの育児方法に不安を感じ思い悩む親がいる。その後に子どもの発達の状況や障害の有無について知り，そのことを受け入れることは大きな心理的な課題（第14章参照）となる。しかしながら，子どもの発達の状況やその障害を適切に理解し，日々の生活や遊びの中で，子どもの特性に応じて働きかけを工夫していくことが大切になる。

3．保育所等における支援と就学移行支援

　障害のある幼児の場合には，就学前の保育・教育を療育センターや通園施設で受けることがある。それ以外には，一般の保育所・幼稚園，こ

ども園を活用する場合もある。そして，入所・入園して初めて障害の可能性がわかる場合もあり，保育所や幼稚園の担当者が障害にどのように気づいて，どのように支援していくかが重要になる。

　ここでは，まず保育所・幼稚園における障害のある幼児に対する支援を取り上げる。障害特性を理解しつつ，組織全体で取り組むことが求められている。さらに，これらの幼児は数年すると小学校入学を迎える。そこで，親は就学に向けてどのような準備が必要なのか，また保育所・幼稚園では就学のためにどのような取り組みがあるのかを紹介する。

（1）保育所・幼稚園における特別支援

　障害のある幼児に対する保育については，1974年度より**保育士を加配する事業**が実施されてきて，2009年度で，その対象幼児は11,113人となっている（内閣府，2011）。このほかに，障害があっても活動しやすいように施設をバリアフリー化にすることや保育士の資質向上を図るための研修が行われてきた。

　さらに，障害のある子どもに対する適切な支援をめざす「特別支援教育」は，小・中学校においてだけでなく，幼稚園・保育所においてもその体制整備を推進することが喫緊の課題となっている。

a）保育所・幼稚園における方針

　発達障害に関連する法令により，発達障害のある人に乳幼児期から成人期までの各ライフステージに対応する一貫した支援を推進する事業が展開されている。また**学校教育法**により，幼稚園においても，子ども一人一人のニーズに応じた教育が推進されている。

　この方針については，具体的に**幼稚園教育要領**（2017年3月告示）や**保育所保育指針**（2017年3月告示）にも示されている。障害のある幼児などについては「個別の指導計画」や「個別の教育支援計画」を作成す

るなど，個々の幼児の障害の状態などに応じた指導内容や指導方法の工夫を計画的，組織的に行うことが示された。

　まずは，保育所や幼稚園の日常的な保育や指導において，発達の遅れや偏りに関して気づくための体制づくりが大切になる。そのためには，保育所や幼稚園が，保健・療育機関および特別支援学校等の助言または援助を活用しつつ行政とも連携し，適切な支援の充実を図る必要がある。

b）幼稚園における支援体制の整備

　小・中学校における**特別支援教育体制整備推進事業**は，2003年から継続的に展開されている。学校組織として，子どもへの支援を充実させるための活動である。幼稚園等においては2005年度頃から本格化し，幼稚園も特別支援教育体制整備推進事業の調査対象に加えられた。公立私立の幼稚園（幼稚園型認定こども園を含む）について2018年度の調査結果によると，組織として幼児の困難さを把握する**幼稚園内委員会**の設置状況は公立95.3％，私立45.7％であり，支援のために関係機関・者間を連絡・調整する役割である**特別支援教育コーディネーター**の指名状況は公立96.9％，私立42.8％であった。**表13-2**には，公立私立ごとに，この数年で体制整備が急速に進んできたデータが示されている。

表13-2　幼稚園における体制整備の状況（文部科学省，2019）

		園内委員会の設置	コーディネーターの指名
公立幼稚園	2006年	32.7%	29.4%
	2010年	82.0%	88.7%
	2018年	95.3%	96.9%
私立幼稚園	2010年	28.1%	36.7%
	2018年	45.7%	42.8%

　なお，幼稚園の多くを占める私立の幼稚園では，公立の幼稚園と比較して体制整備が進んでいない状況である。この原因としては，私立幼稚園の「特別支援教育」に関する理解不足に加えて，財政支援がない等経営上の困難さが考えられる。

　幼稚園における特別支援教育については，①幼児の発達のばらつきが大きく障害の状態が明確でない，②教諭の気づきがあっても，親の理解を得ることが困難，③親の同意が得られない場合には専門機関と連携が取れない，④十分な人的配置ができない，などの課題がある。

c）教育相談，巡回相談

　保育所や幼稚園での特別支援を充実させていく上でも，また円滑な就学に向けての支援を進めていく上でも，保育所・幼稚園における教育相談や専門家による巡回相談が大事になる。

　このような教育相談を行う場合に，発達障害等の可能性が想定されても障害があると明確には判断できない場合や，障害は明らかであるものの親の理解が得られない場合などがある。そのため，「気になる幼児」「子育てに対して不安である親」と，より幅広く考えて，その幼児だけに限らず，親を含めて相談に取り組むことが大切である。

　また，さまざまな相談支援のための**手帳**や**ファイル**，**個別の指導計画**等を作成して教育相談に活用している地域があり，効果的な取り組みとなっている。このような教育相談・支援に活用する手帳やファイル等によって，関係機関や関係者がその情報を共有化することが可能となる。親に対して，このような計画書を作成することの意義等について十分な説明を行い，取り組みを拡大していくことが必要である。

　早期からの**教育相談**は，文部科学省（2008）などを参考にすると**表13-3**に示すような意義があり，行政や保育所・幼稚園において積極的に取り組む必要がある。

表13-3　保育所・幼稚園における教育相談の意義

1．障害の理解や受け止めに関わる親への支援
2．困難さや発達の状況を理解するための支援
3．発達を促すような関わり方についての支援
4．日常的な関わり方についての支援
5．親子関係を形成するための支援
6．団体やサービスに関する情報提供
7．特別支援教育に関する情報提供　等

（2）就学相談と就学移行支援

　障害のある幼児も含めて年長児は，翌年に学校就学を迎える。小学校の入学式を迎えることは，子どもにとっても親にとっても新しい生活の開始である。障害のない子どもの場合には，基本的には居住地域で決められた校区の学校となる。しかしながら，障害がある場合には，多くの要素を考慮して，親が希望する学校を決めなければならない。晴れやかな気持ちで入学式を迎える上でも，「就学に関する相談」や「円滑な就学に向けての支援」が重要となる。

　特に，就学のために教育を受ける学校や学級を決める手続きは，親の心配や心理的負担が大きい。心理専門職は，その手続きを理解して親を適切に支えることが求められる。

a）就学に関する相談

　障害の特性や発達の程度を踏まえて，親としてどこの学校を希望するかを決める必要が生じる。保育所や幼稚園の担当者と相談しながら，特別支援学校や教育センター，教育委員会の相談窓口を活用しつつ，就学させたい学校・学級の方針を固めることになる。この相談については，就学の前年に取り組むのでなく，可能であれば2，3年前から進めることが大切である。

表13-4　就学相談を実施する場合の要点

> 1．子どもの障害の特性，発達の状況
> 2．就学先の希望とその理由の確認，その学校の見学
> 3．地域の学校，学級の情報提供と可能性のある学校の見学
> 4．親の希望を尊重しながら，相談者として気がかりな点の提示
> 5．親の迷いや不安の受け止め

　親が希望する学校を決める場合には，相談担当者は**表13-4**の点を考慮し，親の気持ちを大切にした教育相談を行うことが大切である。

b）学校決定から就学まで

　親が希望する学校を決めれば，それで就学する学校が固まるわけではなく，市町村教育委員会が，就学支援委員会や教育支援委員会等において親や専門家の意見を聴いた上で総合的な見地から判断することになっている。この判断の過程が，就学手続きである。

　決定された子どもの就学先が親の希望する学校ではない場合も生じるので，その調整に親自身も関係者も苦労するし，対応が必要となる。その不一致を予防する意味でも，多くの市町村において，就学の2，3年前の早期から就学相談や体験入学等を行うなど，就学に向けての取り組みを実施している。

c）就学移行支援

　小学校への就学については，「保育所や幼稚園から小学校への接続」として，話題になることが多くなった。障害がない子どもにとっても大きく環境や活動が変わることにうまく適応できない事例が増えてきている。この点に関しては，障害のある子どもにとっては，なおさら障壁が大きく，前もっての準備が必要となる。就学移行支援計画等を作成して，関係者で協力して取り組むことが求められる。

　表13-5に示した要点に配慮しつつ，子どもが学校生活に馴染むよう

表13-5　円滑な小学校生活開始のためのポイント

1．保育所・幼稚園における行動特性と支援の手だて整理（個別の指導計画） 2．個別の指導計画の効果的な引き継ぎ 3．保育所・幼稚園担当者と小学校担当者の顔合わせ，引き継ぎ 4．体験入学と小学校担当者の事前の行動観察 5．入学式・生活等のリハーサル，生じる課題予測と手だての検討

に，保育所・幼稚園と小学校の連携協力が重要になる。晴れやかな小学校入学，その後の学校生活が楽しくなるような円滑なスタートが重要である。

4．おわりに

　ここでは母子保健や乳幼児の育ちを確認する乳幼児健診，その健診などを通した障害への気づきと発達支援，そして保育所等における取り組みと就学に向けた支援を取り上げてきた。

　子どものよりよい成長を見守り，障害や発達の遅れに早期に気づいたならば，子どもだけでなく親も含めて支援していくことが大切になる。この対応が遅れて，いたずらに時間が経過してしまうと，子どもが示す特異的な行動は顕著になり，その行動修正や適切な発達のためには，多くの時間と労力が必要になる。早期の対応，予防という視点が重要である。

　また親のよりよい子育てを可能とするためには，保健師や心理専門職などの専門家，さらには親同士の支え合いが貴重になる。支援の中心に「子どもとその親」を据えて，関係者でアイデアを出し合っていくことが大切であろう。

＊本章は，徳永豊（2013）「乳幼児における障害とその支援」（田中新正・古賀精治編著）『障害児・障害者心理学特論』，放送大学教育振興会，pp. 28-43）を元に加筆修正した。

引用・参考文献

厚生労働省（2017）．保育所保育指針

厚生労働省（2019a）．平成29年度地域保健・健康増進事業報告の概況
　http://www.mhlw.go.jp/toukei/saikin/hw/c-hoken/09/dl/date02.pdf（2020年1月20日閲覧）

厚生労働省（2019b）．障害児支援施策の概要
　https://www.mhlw.go.jp/content/12200000/000360879.pdf（2020年1月20日閲覧）

内閣府（2011）．平成23年版子ども・子育て白書
　https://www8.cao.go.jp/youth/whitepaper/h23honpenpdf/index_pdf.htm（2020年1月4日閲覧）

松本美保・松島暢志（2011）．「教育機関・保健―医療機関・福祉機関の新しい連携の実践」若葉陽子等（編）『特別支援教育の展開とADHD児の支援』久美株式会社.

文部科学省（2008）．障害のある子どものための地域における相談支援体制整備ガイドライン（試案）
　https://www.mext.go.jp/a_menu/shotou/tokubetu/material/021.htm（2020年1月4日閲覧）

文部科学省（2017）．幼稚園教育要領

文部科学省（2019）．平成30年度特別支援教育に関する調査結果について
　https://www.mext.go.jp/content/20191220-mxt_tokubetu01-000003414-01.pdf（2020年1月4日閲覧）

14 | 障害の理解・受け止めと家族支援

徳永　豊

《**目標＆ポイント**》　親としてわが子の障害に気づき，病院で障害の診断を告知される場合がある。親や家族および障害のある本人がその事実を理解し受け止める過程は，心理的負担が大きいものになる。ここでは，まず障害があるという事実を理解していく過程について考える。また，子どもの成長段階ごとで生じる不安や迷いを取り上げ，親や家族が必要とする支援を検討する。心理専門職として，親や家族および本人を支援していく上での「障害の理解・受け止め」と家族支援の基本について理解する。
《**キーワード**》　告知，障害の理解・受け止め，親・本人，ライフステージにおける課題，家族支援

1. 障害の理解・受け止め

　親であれば，生まれてくる我が子が健康であること，また生まれてきたわが子が健やかに成長し発達することを願う。しかしながら，子どもの誕生とともにその障害が明らかとなったり，乳児としての育ちの中で，発達の偏りや遅れが明らかとなったりする場合がある。このような場合に親や家族にとって，障害があるという事実を理解し，受け止めていくことが必要になる。

（1）障害の告知とは

　障害の告知とは，子どもに障害または病気があるという医学的な診断を，親や家族，本人に伝える行為をいう。病院などの専門機関で，障害

表14-1　告知を行う場合の配慮および対応

○可能であれば両親に伝える。
○親は子どもの状況を心配していて，何かがおかしいと（診断の可能性）気づいているかを確かめる。
○親の家庭環境等の背景情報を踏まえて，心理的な状況を把握する。
○親が理解可能な言葉でわかりやすく説明を行う。
○今後の方針や見通し，活用できるサービスを知らせる。

に関して親へ告知する場合は，慎重に配慮して行うことが重要であるものの，実際の状況にはいくつかの課題がある。

　それでは，子どもの障害について，その診断を親に伝える場合に，どのような配慮が必要なのであろうか。**表14-1**に告知を行う場合の配慮および対応について整理した。診断の告知は，親にとって特別な存在である「**医師**」が行うことが原則である。この告知前に，障害の有無に関して，保育士・心理専門職等が先んじて親と話題にすることは基本的に避けることが必要である。親の心理的な動揺を受け止め，適切にその後の医療，子育て支援サービスに繋ぐことが大切になる。

（2）障害の理解・受け止め

　障害告知における親や本人の心理・心情，またその事実を受け止め，理解するまでの過程を取り上げる。

a）親の気づき，理解，受け止め

　親が子どもの障害を理解し，受け止める過程は，障害特性など多くの要因が影響し，複雑なものとなる。注意しなければならない点は，①すべての親が同じ過程を経るわけではないこと，②出来事によって，段階を行きつ戻りつし，そうしながら段階を進むこと，③場合によれば複数の段階が共存すること等である。障害のある人や親のカウンセリング等

を実施する上では，その基本を理解して対応を検討する必要がある。

b）出産とともに，障害があることがわかった場合

　ここでは，その基本となる親の心情の過程モデルを取り上げる。まず
は，子どもを出産して，同時に子どもの障害がわかる場合であり，その
過程をわかりやすくまとめた**心情モデル**がある（Drotar ら，1975）。類
似した状況として，事故の後遺症として障害が残り，それを理解し受け
止める場合があげられる。このモデルを参考にそのパターンを示したも
のが**図14-1** である。障害の告知から，①ショック，②否認，③悲しみ
と怒り，④均衡（平静）[図中*]，⑤再起の5段階を経験する。特定の段階

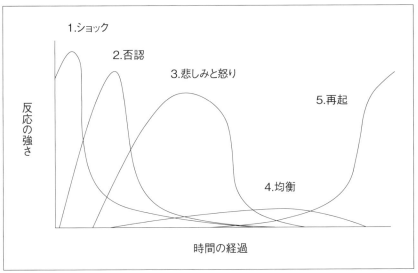

図14-1　出産とともに，子どもに障害があることがわかった親の心情の過程

＊　ドローターら（1975）は，「4．均衡」の段階を adaptation としている。これを
　竹内ら（1985）は「適応」と訳し，それが一般的となっている。「適応」とは，環
　境の変化に柔軟に対応可能であるという意味でありこの時期の特徴でない。そこ
　で，竹内ら（1985）は，Klaus（1982）の考えに従って，equilibrium という用語を
　付している。この時期は，強い不安が薄れて，不安と安心がどうにかバランスを
　保っている時期であり，均衡（平静）と訳するのが適切である。

　（Drotar, D. et. al, (1975) The adaptation of parents to the birth of an infant with
a congenital malformation: a hypothetical model. Pediatrics. 56(5), 710-717. から
作成）

から次の段階に変化するのに要する時間は，親によってさまざまである。

c）発達が気がかりで，その後に障害がわかる場合

　発達に関する障害で，学齢期になって障害がわかる場合の親の心情をどう理解すればよいのだろうか。子どもの障害に気づいて，親がそれを知るようになる過程は，障害の種類や親が置かれている環境で大きく異なる。平井（1998）は，障害の告知後に体験される「ショック」期の前に，「**心配**」の時期を位置づけている。これを踏まえてモデル化したものが**図14-2**である。

　ここでは，親の心情について否定的（negative）な心情と肯定的（positive）な心情とに分けて示した。①心配，②ショック，③否認，の後に，平井（1998）を参考に④苦悩・不安，新たに⑤均衡，さらに⑥再起，⑦適応とした。時間経過の中で，否定的な心情から，肯定的な心情に変化していくことを示している。環境や状況の変化に応じて，子どもととも

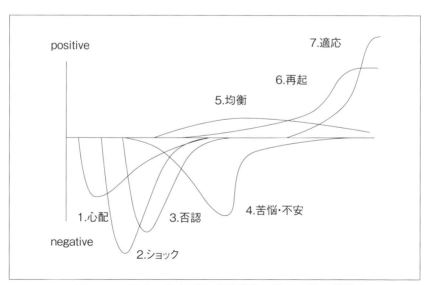

図14-2　発達に障害がある子どもの親の心情の過程
（平井保　障害のある子どもと家族への精神的支援の臨床的意義と課題．国立特殊教育総合研究所教育相談年報，18，20-27，1998．から作成）

に前向きに生きていく「適応」が最終的な段階として適切であろう。

　場合によると，子どもの発達が気がかりで対応に苦労した末に，障害の告知を受けて，「理由が明らかになってほっとした」「状況が納得できた」という実感を示す親もいる。この背景には，「子どもの発達の遅れは自分の子育てのせいではない」という親の想いや子育ての苦労などが反映されているものと考えられる。

（3）本人の理解・受け止め

　ここまでは主に親が子どもの障害に気づき，それを理解し，どう受け止めるかを考えてきた。他方で，子ども自身が，自分の障害に気づき，理解し，受け止めるかという問題がある。障害の特性や子どもの年齢によっても異なるが，基本的な点を整理した。

a）中途の身体障害の場合

　小学校高学年以降に，事故の後遺症などで身体障害が明らかとなる場合，本人はどのように受け止めるのだろうか。基本的には，ドローター（Drotar ら，1975）の①ショック，②否認，③悲しみと怒り，④均衡（平静），⑤再起に類似する過程を経るが，「ショック期」「否認期」「混乱期」「解決へ努力期」「受容期」の5段階を経験するとする考えもある（上田，1980）。障害という事実を受け止めながら，自分らしい生き方を見つけるまでの支援が重要になる。

b）先天的な障害の場合

　生まれながらの視覚障害や肢体不自由の場合，本人はどのようにその障害を受け止めるのだろうか。また知的障害の場合も本人はどのように気づき，理解し受け止めるのだろうか。

　詳細な研究はないが，全盲の場合に，幼少期においては見えないことなどが当たり前であり自分の世界しか知らない。自分と他者とを比較し

て，その違いや困難さを「障害」として理解することはまだ難しい。違いや困難さへの気づきが生じるが，それを障害と位置づけるためには，「障害」の概念を身につける必要がある。

　児童期から思春期にかけては，他者とは異なる自らの困難さを前提に，自分らしさ（**自我同一性**）を確認し，自分らしい生き方を確立できる支援を必要としている。

ｃ）発達障害の場合

　自閉症などの発達障害の場合，障害の程度が重度であれば，幼児期に診断を受け，告知される場合もある。しかしながら，多くの場合には，集団で活動したり，学習に取り組んだりするようになって，その障害が明らかとなる。場合によれば，大学生や大人になって，初めて診断を受ける場合もある。

　この際にも，自分は他者とどことなく違うと思い悩んで，インターネットなどで調べて自ら病院に行く場合がある。または，自分では何も心配しておらず，大学の講義時間に特徴的な行動を起こして，学生相談に行くように言われ，そこから病院につながる場合もある。

　本人や家族が障害を認めようとしない場合も多く，適切な支援の活用につながらないこともある。本人がよりよく学び，仕事を続けていく上では，①本人の障害理解，②周囲の適切な理解，③障害等の特性に応じた環境整備と職務内容等の工夫，④必要に応じて障害者手帳の取得が重要となる。これらの支援の出発点としては，医師による医学的な診断が必要となる。

ｄ）二つの幻想とは

　本人や周囲の人々が障害を理解し，受け止めることを困難にしている背景には，二つの幻想がある。一つは，「**障害**」の幻想である。障害があるということで，「普通でない」または「人生が駄目になった」と全

か無かの幻想に縛られ，「全てが無」になるとの恐怖がある。

　もう一つの幻想は「**健やかさ**」，つまり普通であるという幻想である。子どもの育ちには幅があり，それぞれに発達の偏りや遅れがある。その幅や多様性を無視して，典型的な健やかさや普通があると考えている。これが健やかさの幻想である。

　障害があってもすばらしい生き方があるし，障害がなく普通であると思っていても悲惨な生き方がある。幻想に縛られず，自分らしい生き方を実現できることが重要である。

（4）「受容論」の否定と気づきを促すポイント

　ここで取り上げてきた「障害の理解，受け止め」について，従来は「**障害受容**」とされてきた。この複雑な過程を単に「障害受容」と表現する点や本人や親にとっての「受動的な過程」と誤解されやすい点は問題が大きい。

　それゆえに，ここでは障害への気づき，理解，受け止めを本人や親の「**能動的な行為**」として位置づけ，石渡（1997）が指摘するようにプラスイメージの要素，より肯定的な立場を重視し，「生き方づくり」と考える。障害という生きていく上での困難さとともに，その子らしく，また親らしく，前向きに生きていく方向性を模索する過程であろう。

　これらの過程の開始段階である「障害への気づき，理解，受け止め」に，支援者としてよりよく取り組むポイントして**表14-2**の点を整理し

表14-2　気づきや理解を促すポイント

1．障害ではあるが，難しさやつまずきと捉える。
2．子どもの困り具合を重視し，「子どものために」を考える。
3．家庭での行動，様子を確認する。
4．学校などでの行動（事実）を共有する。
5．親自身の特性や行動の難しさを考慮する。

た。子どもの行動や様子，事実を親と共有することが最も重要である。

2．子育てにおける親の不安・迷い・困ること

　乳幼児期のわが子に障害があることがわかると，「ショック」「否認」の時期を過ぎて，「悲しみと怒り」または「苦悩・不安」の時期に，子育てや療育が始まる。場合によれば，病気の治療も同時に進める必要がある。親は混乱しつつも「わが子にとって少しでもいい療育を」と子育てに取り組む。

（1）ライフステージにおける課題

　障害がある場合，通常の子育てに加えて，治療や療育，就学の手続きなど，通常では経験しない事柄に取り組むことが求められる。子どもの成長・発達を踏まえながら，それぞれのライフステージでどのような課題があるのかをみていく。

a）就学前

　就学前の課題としては，まずは①「**障害への気づき，理解，受け止め**」がある。親だけでなく家族としてこの課題に取り組み，子どもを家族の一員として受け止め，前向きに家族のあり方を模索することになる。

　そのような中で，子どもとともに家庭生活や子育てが展開される。障害の特性に応じて，②「**日常生活での関わり**」を工夫することが必要になる。肢体不自由の子どもと関わる場合に，介助の仕方を工夫したり，補助具の活用を工夫したりすることなどである。専門家の助言を手がかりに，子どものよりよい発達のために，また円滑な日常生活のために工夫することが必要になる。

　それと前後して，③「**就学前の療育または保育所・幼稚園**（就園，運

動会等の行事など)」があげられる。専門的な療育ついては，それに関する情報収集，療育の選択，療育機関への通園などがあり，さらに障害がある子どもを受け入れている保育所・幼稚園の情報収集，保育所・幼稚園の決定，障害の特性に応じた対応の実現などに取り組む。

そして就学前の大きな課題が，④「**学校を決める就学相談**」である。地域の学校・学級の情報収集，子どもの特性に応じて適切と考える学校を決定することが求められる。

b）**小・中学校など**

学校入学後の最初の課題は，⑤「**小学校への就学移行**」であり，それ以前の環境とは異なる学校生活への適応がある。登下校や教科学習など障害の特性を踏まえながら，学校生活に慣れていくための工夫が求められる。

さらに，⑥「**小・中学校生活**」（運動会，修学旅行等の行事や放課後・長期休暇など）においてはさまざまな行事があり，それにどのように参加するかを考える必要が出てくる。また，放課後や長期休暇など，場合によって支援が必要になり，どのようにしてその時間を過ごすのか検討しなければならない。

また，⑦「**中学校等への進学相談・学校決定**」があり，障害の特性を踏まえて受け入れ可能な学校とそこでの教育や支援の状況を確認する必要が出てくる。

さらに，そうしている間に，⑧「**思春期・青年期の対応**」の課題が生じて，子ども自身が「障害のある自分を受けとめる課題」や「性についての悩み」が生じてくる。

c）**卒業後の大人としての生活**

学校教育が終了すれば，大人としてどのように生きていくかを決定することが求められる。⑨「**大人の生活への移行，就労支援**」の課題であ

り，適切な働く場を見つけたり，日中活動の場を準備したりしなければならない。規則正しい生活のためにも何らかの形式で働くということを準備することが大切になる。そして，⑩**「大人としての生活支援」**であり，余暇や自由時間をどのように充実させていくか，また「結婚」という課題にどのように向き合うかなどがある。

　さらに，その後の大きな課題は，これまで支援を担ってきた親が高齢になり，その支援が期待できなくなる場合が生じる。⑪**「親亡き後の生活の確保」**であり，可能であれば親が元気な間に親から離れてどのような生活が可能なのかを検討し，試みに体験しておくことも大切である。

（2）レスパイトケア

　特に子どもの障害が重度な場合には，常時かつ長期のケアが求められる。そのため，親は過度な緊張感やストレスから一時的であっても解放され，リフレッシュすることが大切になる。そのためのサービスが「レスパイトケア」であり，子育てや介護を一時的に代行する家族支援サービスである。施設への短期入所や自宅への介護人派遣などがある。親自身の健康を維持するためには，親や家族が休むこと，リフレッシュすることをもっと重視する必要がある。

3．地域社会で家族を支える

　社会が豊かな時代を迎え，核家族化，情報化が進行して，社会そのものや人々のライフスタイルが変化してきている。その中で，地域社会における人々のつながりが薄くなり，地域社会の子育てする力や教育する力が崩壊しつつあることが指摘される。しかしながら，親が子どもの障害に気づき，理解し受け止め，そして子育てに取り組む上では，親や家族だけでなく，近所の人々や地域社会が子どもの育ちを効果的に支える

ことが大切になる。

　なお，地域社会における支援については，平成24年に「障害者自立支援法」が改正された「障害者の日常生活及び社会生活を総合的に支援するための法律（**障害者総合支援法**）」と平成28年に改正された「**児童福祉法**」がその基本になる。

（1）地域社会における支援

　子育て支援としては，行政や民間機関が提供している支援サービスがある。都道府県や市町村，学校などの取り組みが中心となる。第2章で学校教育を，第13章で就学前の支援を，第15章で就労支援を取り上げているので，ここでは①学齢期における教育以外の支援と②障害のある大人を対象とした生活支援を中心に取り上げる。

a）学齢期における教育以外の支援

　就学後の支援としては，教育機関としての小・中学校，特別支援学校が中心となる。療育センター等での訓練や相談が継続することもある。支援の柱の一つが，「**放課後等デイサービス**」である。これは，障害のある学齢児に対して，放課後などに生活能力向上のための訓練を継続的に提供したり，自立を促進するとともに放課後などの居場所づくりを推進したりするものである。数多くの事業所がそのサービスを提供している。

　また，発達障害のある子どもの支援を総合的に行う機関として，「**発達障害者支援センター**」が全国の都道府県に平成30年で約96か所設置されている。

b）障害のある大人に対する支援

　障害のある人が，地域社会で大人としての生活を送る際に，活用できる自立支援の福祉サービスがある。重い障害の人に対して，施設などで

入浴，排泄，食事の介護を行い，創作・生産的活動の機会を提供する「**生活介護**」や自宅で入浴，排泄，食事の介護を提供する「**居宅介護（ホームヘルプ）**」などである。さらには生活の基盤を支える住居に関する支援として，「**共同生活援助（グループホーム）**」があり，共同生活を行う住居で日常生活の援助や相談を行う。

　また，生涯学習の機会として青年学級，特別支援学校同窓会，社会教育講座などを活用することもできる。

（2）親の会やきょうだいの支援，NPO の活動

　自治体等による行政サービスではなく，子育てを支えるものとして，地域ネットワークや非営利団体（NPO）等による活動がある。

ａ）親の会

　自主的な活動の代表的なものが「親の会」の活動であり，知的な障害のある子どもとその親，関係者による「全日本手をつなぐ育成会」や自閉症児の親を核とした「日本自閉症協会」などがある。これらの親の会は，都道府県・政令指定都市ごとに加盟組織があり，その連合体として活動を展開している。その他にもダウン症等のそれぞれの障害名による団体などがある。

ｂ）きょうだいの支援

　近年は，障害のある子どもの兄弟姉妹を対象とする「きょうだい支援」が話題となることが多くなった。きょうだいは，その育ちにおいて，特有の悩みやストレスがある。「親のかわりに面倒をみる」「親に余計な心配をさせてはいけない」など，「いい子」を演じる場合がある。その結果，不登校などの不適応になってしまうことがある。きょうだいの悩みは，きょうだいの成長ともに変化して，思春期や青年期になると，親の死後の心配や職業選択に悩む場合もある。

　障害について学ぶ機会や悩み・不安を共有する機会，自らの将来について語り合う機会などが提供される。そのような活動を通して，きょうだいが自らの状況を受け止め，肯定的に生き方を考え，主体的に生活していくように支援している。

ｃ）その他の支援活動

　多くのNPO団体が，子育て支援，児童支援，就労支援，生活支援などについて，障害のある子どもとその親や家族を支えている。障害のある子どもと家族が地域で生活していく上で，NPO団体の活動は強力なサポーターとして機能している。

4．おわりに

　ここでは，障害の理解と受け止め，そして家族支援を考えてきた。一般的に障害の告知は，親に多くの混乱と不安をもたらす。親はその事実を受け止め，子どもとともに前向きに，自分らしい生き方を模索する。また，障害がある子どもとともに生活する中で，親や家族は多くの難しさを経験し，それらへの対応が求められる場面に直面する。心理専門職などは，この親や家族のよりよい生活を心理的に支えていくことが必要になる。

＊本章は，徳永豊（2013）「家族支援と障害の理解・受け止め」（田中新正・古賀精治編著）『障害児・障害者心理学特論』，放送大学教育振興会，pp. 234-250）を元に加筆修正した。

引用・参考文献

石渡和美（1997）．『障害者問題の基礎知識』明石書店．

上田敏（1980）．「障害の受容─その本質と諸段階について─，総合リハ，8巻7号，pp.515-521．

Klaus, M. H. and Kennell, J. H. (1982). Parent-infant bonding. Mosby (St. Louis). 竹内徹・柏木哲夫・横尾京子（訳）（1985）．『親と子のきずな』医学書院．

Drotar, D., Baskiewicz, A., Irvin, N., Kennell, J. and Klaus, M.. (1975). The adaptation of parents to the birth of an infant with a congenital malformation : a hypothetical model. Pediatrics. 56(5), pp. 710-717.

南雲直二（1998）．『障害受容─意味論からの問い─』荘道社．

ニコちゃん通信の会（1997）．『障害児の親って，けっこうイイじゃん！』ぶどう社．

平井保（1998）．障害のある子どもと家族への精神的支援の臨床的意義と課題．国立特殊教育総合研究所教育相談年報，18，pp.20-27．

15 | 障害と地域生活—社会参加—

徳永　豊

《**目標＆ポイント**》　ここでは，社会が障害者をどのようにとらえて対応してきたのかを踏まえ，病気を治療するという視点ではなく，「その人らしくよりよく生きることを支援する」を検討する。障害のある人が地域社会で生きる，社会に参加する，具体的には働くという視点から，心理専門職がどのように貢献できるかを考える。

《**キーワード**》　障害，環境因子，障害者施策，障害者観，社会参加，働くこと

---

1. 障害の捉え方

　第1章で「社会における『障害』の変遷」を学んだ。そこでは，WHOによる障害理解の枠組みである「**国際生活機能分類**」が，福祉，リハビリテーションなどさまざまな分野で活用されていることが紹介されている。

　ここでは，あらためて「障害，障害者とは何か」を取り上げ，その意味や近年の考え方の変遷を踏まえ，支援のあり方を考える。

（1）障害，障害者とは

　「障害，障害者」とはどのような意味だろうか。目が不自由なこと，耳が不自由なこと，移動することが困難なことを指すと考えられる。一般的なイメージは，「何らかの原因によって，心や身体上の機能が十分に働かず，見ることなど活動に制限があること」と推測される。

（2）障害の定義

それでは，障害または障害者とは，どのように定義されているのだろうか。法令での「障害者」の定義は次のようになっている。

障害者基本法では，**表15-1**に示す定義とされている。この定義が意味するものは，①障害者は継続的に日常生活，社会生活に**相当な制限**を受ける状態にあるもの，②その原因としては障害および**社会的障壁**がある，ことを示している。

この定義において大切な点は，「心身の機能の障害」だけではなく，結果として生じる「継続的な日常生活，社会生活の制限」が重要になることである。この制限については，眼鏡や補聴器などの支援機器で軽減もすれば，点字ブロック上に置かれた自転車や人々の差別的な発言などで増大もするわけである。

a）社会的障壁

障害のある人を取り巻く環境のマイナス的な側面が，社会的障壁とさ

表15-1　障害者の定義

> 　身体障害，知的障害，精神障害（発達障害を含む。）その他の心身の機能の障害がある者であって，障害及び社会的障壁（障害がある者にとって障壁となるような事物・制度・慣行・観念その他一切のもの）により継続的に日常生活，社会生活に相当な制限を受ける状態にあるもの。
> （障害者基本法の一部を改正する法律，平成23年法律第90号）

表15-2　社会的障壁の例示

> ○物理的な障壁：歩道の段差，車いす使用者の通行を妨げる障害物，乗降口や出入口の段差等の物理的な障壁
> ○制度的な障壁：障害があることを理由に資格・免許等の付与を制限する等の制度的な障壁
> ○文化・情報面での障壁：音声案内，点字，手話通訳，字幕放送，わかりやすい表示の欠如などによる文化・情報面での障壁
> ○意識上の障壁：心ない言葉や視線，障害者を庇護されるべき存在としてとらえる等の意識上の障壁（心の壁）

れている。この社会的障壁には，どのようなものがあるのだろうか。平成12年度『障害者白書』（総理府，2000）は，社会的障壁については**表15-2**に示すものを例示している。

ｂ）環境要因を強調するモデル

このように環境がもたらす影響（環境要因）の大きさについては，近年はリハビリテーションの領域でも話題となっている。障害を個人の機能低下としてのみ考えない立場である。その代表的なモデルが第1章のICF（国際生活機能分類）である（**図1-3**）。障害ではなく，人が生活においてよりよく機能することを検討する場合，ICFに従えば，「**心身機能・身体構造**」や「**活動**」，「**参加**」の3つの次元と相互に影響を与え合う**個人要因**と**環境要因**で考えることが必要とされている。

（3）生活の中での困難さ

「障害」という概念でなく学習や生活における制限，「**困難さ**」という視点をとることで，支援を検討する場合に大きな利点がある。それは，人的または物的な手だてや支援によって，日常生活や社会生活における制限・困難さを小さくしていくことが可能な点である。環境や周囲の人々の行動に影響を受けるし，周囲が工夫することで小さくできる。

また，この「困難さ」は，障害のある本人の体験であり，気持ちでもある。その意味から心理専門職が対象とするもの，そのものである。その人自身の「視点」から，よりよく生きやすい環境を考えいくことが重要になる。

この本人，当事者の視点，場合によれば家族の視点が大切になる。「**Nothing about us, without us！**（私たち抜きに私たちのことを決めるな！）」は，1980年代から障害者運動のスローガンとして掲げられていて，国連障害者権利条約に関する協議においてよく話題となった。障害

者施策については，**障害者自身の関与**を前提に，障害のある人々の意見を反映させようとする方針を示すものである。

2. 障害者施策の動向

　障害者の定義に「社会的障壁」が含まれるように整理されたのは最近のことである。しかしながら，障害者の定義がどうであろうと，障害者の歴史は人類の歴史とともにあることは事実である。障害者に関する日本での最初の記述は，「**古事記**」とされている（花田，1987）。そこでは，神の子どもである水蛭子（ひるこ）が未熟児で障害があって，ひとりで立てなかったとの記述がある。

　このように障害や障害者に関する歴史的記述は昔からある。それでは，そのような記述の中で，障害はどのように考えられ，障害者はどのように対応されてきたのであろうか。

（1）**障害者に対する社会の対応**

　障害は病気と同類で，マイナスのイメージがある。病気と同じように，基本的には避けたいものという捉え方が一般的である。しかしながら，人類にとって避けられないものである。避けることでなく，そのような違いや多様性があるからこそ，豊かになれるものと位置づけることはできないだろうか。

　まずは，花田（1987）や石渡（1997）を手がかりにすると，社会が障害に対応してきた歴史を次のようにまとめられる。

a）**遺棄の時代**

　「古事記」の水蛭子（ひるこ）は障害があったので，葦の船に乗せられて海に流されたとの記述がある。このように，社会から遺棄される，排除される存在とされてきた歴史がある。障害がなくても生きることに

困難さがある時代には，未熟であることや障害があることは，生きる上で苛酷な状況であり，意図的に谷や海に捨てることが選択された訳である。現代ではこのような対応はあり得ないが，人々の意識の中にこのような考えが存在しないとは言えない。

b）嘲笑の時代

平安時代には流浪の人形使い，曲芸師や奇術師の一座があって，その中に盲人や肢体不自由者が含まれていた。また，江戸時代には見世物小屋の出し物として，小人や奇形の障害者が含まれていた。障害を珍しいものとし，また何らかの芸をすることで見物料をとる興業が成り立っていた歴史がある。障害がある人が生活をしていく方法の一つであったが，珍しさや笑いものとして障害者を捉える歴史があった。

c）慈悲の時代

仏教の思想を背景に，生前に良いことをしておくと死後の世界も幸せになれるとの信仰から，「施し」として障害のある人を救済してきた歴史がある。仏教だけでなくキリスト教なども宗教心から障害者を救済・保護してきたものであり，障害者は慈悲の対象とされてきた。

d）保護の時代

慈悲の時代と類似する部分もあるが，憐れみから救済として障害者を保護してきた歴史がある。障害があるという理由で世間との交流がないように隔離し，特別な地域や施設に保護し，その生活を支えるものである。多くの場合に人里離れた山奥に施設を作り，そこで障害のある人々を保護する施策や取り組みである。

このような考え方が変化するのは，1950年代に「ノーマライゼーション」の考えが拡大したことによる。その考えは，施設保護を廃止する「**脱施設**」を主張し，「障害があっても地域社会で生活する」ことを大切にする方向であった。

e）教育の時代

　そのような施設における保護を廃止し，地域で生きることを考えると，生きるための力を高め，地域の受け入れを高めていくことが必要になる。そのような中で，障害があっても「同じ学校教育を」との願いが実現される。学校教育が障害のある人へ拡大されてきた歴史である。救済や保護ではなく，市民としての基本的な権利が尊重され，社会を構成する一員としての障害者を理解するという考えである。

（2）「慈悲・保護」を越えて

　社会から障害のある人を排除する時代から，人権を尊重し，社会が包み込み，ともに生活する時代に変化してきた。さらに，憐れみから救済・保護するものとする考えも古いものとなっている。しかしながら，このような古い考えは歴史的遺物であるものの，現代社会において過去のものとする訳にはいかない。なぜなら，これらの考えが複数に存在するのが社会だからである。

　私たちの目指すものは，障害の有無にかかわらず，それぞれの違いを認め，ともに学び合い，助け合う社会である。その基本的な理念は，「ノーマライゼーション」「インクルージョン」であろう。

a）ノーマライゼーション

　ノーマライゼーションとは，一般的には障害のある人や高齢の人など社会的に不利を受けやすい人々について，他の人々と同じように生活し，活動することが可能な社会づくりをめざす理念である。障害があっても，障害がない人と同じ条件で同じように生活を送ることができる成熟した社会に改善していこうという営みである。障害のある人にとって，障害がありながらも普通の市民と同じ生活ができるような環境づくりこそが，ノーマライゼーションの目的とされている。

b）インクルージョン

　また，インクルージョンとは，社会がどのようであればいいのかについての基本的な理念である。インクルージョンが目指す社会は，障害がある人々であっても，少数民族であっても，社会経済的に厳しい状況にある人々であっても，それらの人々を大切にして，それらの人々を**包み込む社会**（society for all）である。

　狭義には，障害のある人と障害のない人が共に生きる社会づくりを意味する場合もある。しかしながら，本来の意味は，さまざまな多様性を受け止め，それらの人々を包み込む社会づくりであり，反対の概念はエクスクルージョンで「排除」「差別」となる。

（3）障害者観の変遷

　ところで，障害のある人が社会参加し，よりよく生きようとする時に，直面する最大の課題は「**障害のない人々がもつ態度や意識**」である。これは障害のない人の一人一人で異なるし，その総体としての組織・社会でも違いがあり，また変化していく。さらに，同じ社会であってもさまざまな「障害者観」が複数で存在する。この変遷については「障害者白書」（総理府，1995）や徳永（2001）を参考に，次のように整理できる。

a）無知，無関心

　基本的で初歩的なものが，無知と無関心による偏見と差別としての障害者観である。障害のある人は社会に役立たないもの，迷惑な存在としてみる。可能であれば，障害のある人と意識的に触れあうことを避け，地域に障害者関連施設ができると聞けば反対運動が生じる。障害のある人と触れあう体験がないこと，知らないことに恐怖を感じている。この障害者観は今日でも残る考え方と意識である。

b）憐れみ，同情

　次の段階は，「かわいそう」「大変だね」「気の毒に」という憐れみと同情の障害者観である。障害者をかわいそうと思い，庇護すべき存在と考え，不幸な障害者のために何かしてあげなければ，という優位な立場をとる。過去においてもこの障害者観から多くの慈善事業が障害者を支えてきた歴史がある。

c）共生―同じ社会のメンバーとして

　障害者は障害のない人と同じ欲求・権利をもつ社会のメンバーであり，ともに生きていく仲間であるという態度・意識である。障害があるから「特別な存在」ではなく，普通の市民であるという障害者観である。

d）オリジナリティ・生き方づくり

　障害者白書（総理府，1995）では，「**個性**」とされている障害者観である。可能であれば，障害があることを肯定的にとらえるという意識・態度である。耳が不自由なこと，特徴的な歩き方をすることを，マイナスとして捉えるのでなく，「その人らしさ」として肯定的に捉えようとする。その人らしさというよりも，本人が「**自分らしさ（オリジナリティ）**」として，その特性を捉えていく態度について，周囲の人々が理解していこうとする意識である（徳永，2001）。周囲の人が，この意識や態度をとることで，障害のある人の「自分はこれでいい」「自分は自分だ」という自己肯定感が大切にされる。

　障害のある人が社会参加していく時の最大の課題は，受け入れる人々や社会の意識・態度である。心理専門職として，また個人としても，人々や社会が抱く障害者観の変遷を整理し，「ノーマライゼーション」「インクルージョン」理念を踏まえて新たな社会構築を目指すことが求められている。

3. 社会参加――「働くこと」から

　障害のある大人にとって，社会参加とは何であろうか。この社会参加の基本となることが，「働くこと」である。この働くことを通して，人々とつながりをもち，集団で活動し，社会参加している。「働くこと」は大人の生活の基本となることである。ここでは障害のある人が働くこと，つまり就労を目指して取り組む活動や就労のための支援サービスを取り上げる。

（1）就労までの支援

　小学校や中学校で「キャリア教育」の重要さが強調されている。小学校や中学校における「キャリア教育」は近年の取り組みだが，「働くための力」を育成する教育については，特別支援学校がその歴史と経験を蓄積してきている。その指導等については，「各教科等を合わせた指導」としての「作業学習」等がある。このような指導によって，大人としての生活や就労に向けての準備教育が行われている。

（2）就労のタイプ

　このようにキャリア教育や職業教育に取り組んでも，知的障害のあるすべての生徒が企業に就労できるとは限らない。障害が重度な場合には，企業などの生産的な活動に従事することに至らない場合もある。障害のある生徒の就労を考えると，「福祉就労」と「一般就労」に大きく分けられる。

　「福祉就労」とは，一般就労が困難な状況にある人のために福祉的な観点から配慮された環境における就労で，小規模作業所などの障害福祉サービス事業所等の利用者として活動することを意味する。就労系障害

福祉サービスである「**就労移行支援**」「**就労継続支援Ａ型・Ｂ型**」も，「福祉就労」に位置づけられる。

それに対して「**一般就労**」とは，通常の雇用形態であり，労働基準法および最低賃金法に基づく雇用関係による企業への就労をいう。

障害のある人の就労・雇用の現状をみると，平成29年度の特別支援学校卒業生（約２万１千人）の約30％が「一般就労」であり，約60％が「福祉就労」（うち就労系障害福祉サービスが30％，その他は介護系サービス），約10％が進学・在宅生活等となっている（厚生労働省，2019）。障害者の雇用支援対策の目標の一つには，「地域における福祉就労から一般就労への移行」が掲げられ，近年はその成果が確認されている（内閣府，2019）。

（3）障害者雇用率制度

障害のある人の一般就労を実現するために，それを支援し雇用の機会を広げようとする取り組みがある。そのひとつが「障害者の雇用の促進等に関する法律」に基づく障害者雇用率制度である。民間企業等は一定の割合（**法定雇用率**，令和元年度で企業の場合は2.2％）以上の身体に障害のある人，知的障害のある人および精神障害のある人を雇用しなければならないとされている。一般就労における障害雇用とは，この法律に従って，障害枠で優先的に障害者が雇用されることを意味する。

これを満たさない企業からは納付金を徴収しており，この納付金をもとに雇用義務数より多く障害者を雇用する企業に対して調整金を支払ったり，障害者を雇用するために必要な施設設備費等に助成したりしている（**障害者雇用納付金制度**）。

なお，企業が障害者の雇用のために特別の子会社を設立して，その障害者を親会社に雇用されているものとみなす制度を，「**特例子会社制度**」

といい，全国で486の会社がある（平成30年6月，内閣府，2019）。

（4）職業指導，職業紹介等について

　障害者本人に対しては，**障害者職業センター**等における職業訓練や**公共職業安定所（ハローワーク）**などにおける職業紹介・相談，職場適応援助者等の職業リハビリテーションを実施し，それぞれの障害特性に応じたきめ細やかな事業や支援がなされている。

　また，都道府県の約330か所に「**障害者就業・生活支援センター**」が設けられている。就労に関する相談支援や障害特性を踏まえた雇用管理に関する相談等の「就業支援」，さらに生活習慣の形成，健康管理，金銭管理等の日常生活の自己管理に関する助言や住居，年金，余暇活動などに関する相談等の「生活支援」を提供している。

（5）社会参加としての働くことに向けて

　ここで取り上げた「働くこと」は，大人としての居場所を確保することであり，多くの人々とのつながりを形成することである。また，日々の生活に「生きがい」を見つけ，生活のリズムを作ることにつながる。企業のような生産的な仕事でなくても，日々通う場所があることは重要である。キーワードは「**居場所と生きがい，やりがい**」である。

　そして，障害のある人の就労支援も重要であるが，その人の生涯を考えると，「働き続けること」を重視する必要がある。就労支援を受けながら働き始めたとしても，1，2年で離職してしまう場合もある。働くことをどのように継続するか，そのために必要な支援とは何かを考えることが求められる。

　このような障害のある人の就労を考える際に，**表15-3**にある視点は重要である。第1に障害があるがゆえにできないことは多い。そこから

表15- 3　障害者の就労のための視点

> 1．できることに注目しよう。
> 2．職についてから力を伸ばそう。
> 3．実際の職場で工夫しよう。

発想すると行き詰まってしまう。そうではなく，できること・可能な行動から，どのように工夫すると働くことにつながるのか考えよう。第2に，「働くことができるための力をつけてから」と考えていると就労がいつになるかわからない。まずは可能な行動を働くことにつなげて，働きながら力をつけて可能性を伸ばそう。第3に，職場に適応する力をつけてから働こうとするのではなく，実際の職場で体験しつつどのように職場環境を工夫し，周囲の人々が支援していけばいいのかを検討しよう。そして，働きながら，仕事の内容や方法，環境や周囲の支援を継続的に改善していこう。

　ニートなど「障害のない若者」の就労が話題となることが多い現状ではあるが，若者を含めて，より多くの人々が「働くという社会」に包み込まれるように，支援していく体制を充実させていくことが今後の課題である。

4．おわりに

　ここでは，まず「障害とは何か」を検討し，生活の中での制限や困難さにどう対応するかが重要であることを指摘した。そして，障害を理解しながら，目指す理念は「ノーマライゼーション」であり，地域社会で障害のない人とともに生きる社会づくり，インクルージョンである。

　また，対応の歴史や人々の障害者観を取り上げた。社会が成熟し基本的な人権を尊重する社会となってきた時代に大切にしたいのは，「その

人らしさ」「オリジナリティ」を育てるという視点である。

　さらに，働く場所や活動する場所を確保することは，大人として地域社会で生きていく第一歩である。それを通して，自らの居場所と人々とのつながりを形成したい。そのためには，それを受け入れる企業等（事業所）や学校，つまり社会が変化することが求められている。

＊本章は，徳永豊（2013）「地域社会と障害―社会参加―」（田中新正・古賀精治編著）『障害児・障害者心理学特論』，放送大学教育振興会，pp. 251-267）を元に加筆修正した。

引用・参考文献

石渡和美（1997）．『障害者問題の基礎知識』明石書店．

小塩允護（2006）．「知的障害のある子どもの指導の工夫および教育環境の整備―就労を通した社会への積極的な参加をめざして」「世界の特殊教育」，20，pp. 3-13，国立特殊教育総合研究所．

総理府（1995）．「障害者白書　バリアフリー社会を目指して」

総理府（2000）．「平成12年度版障害者白書」

内閣府（2019）．「令和元年度版障害者白書」
　　https : //www8.cao.go.jp/shougai/whitepaper/r01hakusho/zenbun/index-pdf.html（2020年1月10日閲覧）

徳永豊（2001）．「世界の情勢と人後の課題―障害のある子どもの教育を支える考え方」舁地勝人ら編『障害特性の理解と発達援助』ナカニシヤ出版．

花田春兆（1987）．「日本の障害者の歴史―現代の視点から」『リハビリテーション研究』54，pp. 2-8．

索引

●配列は五十音順, ＊は人名を示す。

●た　行

分担執筆者紹介

（執筆の章順）

藤野　陽生 （ふじの・はるお）

・執筆章→1・7・8・9

1986年　大阪府に生まれる
2009年　大阪大学人間科学部卒業
2013年　大阪大学大学院人間科学研究科退学
2013年　大阪大学大学院人間科学研究科助教
2016年　大分大学教育学部講師
現在　　大阪大学大学院連合小児発達学研究科准教授，
　　　　臨床心理士，公認心理師
専攻　　臨床心理学，特別支援教育
主な著書　『Myotonic Dystrophy: Disease Mechanism, Current
Management and Therapeutic Development』（共著
Springer, Singapore）
『体験型ワークで学ぶ教育相談』（共著　大阪大学出版会）

衛藤　裕司 （えとう・ひろし）

・執筆章→ 2・5・11・12

1964年	大分県に生まれる
1989年	文教大学教育学部初等教育課程特殊教育専修卒業
1991年	筑波大学大学院修士課程教育学研究科障害児教育専攻修了
1996年	筑波大学大学院博士課程心身障害学研究科単位取得退学（満期）
現在	大分大学教育学部教授
専攻	発達障害心理学，特別支援教育
主な著書	『心の発達シリーズ　中学生・高校生　学習・行動が気になる生徒を支える—気になる問題のアセスメントと支援の要点—』（共著　明石書店）
	『Le système éducatif japonais pour les élèves handicaps - le point de vue de I'ntégration. -. Liberté, inégalité, individualité - La France et le Japon au miroir de l'éducation-』（共著　CNRS Editions）

芳野　正昭（よしの・まさあき）

・執筆章→ 3

1961年	大阪府に生まれる
1986年	東北大学教育学部卒業
1994年	東北大学大学院教育学研究科博士課程修了
現在	佐賀大学教育学部教授　博士（教育学）
専攻	特別支援教育　教育心理学
主な著書	『子どもの発達と支援―医療，心理，教育，福祉の観点から』（共著　ナカニシヤ出版）
	『障害のある子どもの保育・教育―心に寄り添う援助をめざして―』（共編著　建帛社）
	『特別支援教育の基礎』（共編著　学文社）

徳永　豊（とくなが・ゆたか）

・執筆章→6・13・14・15

1960年	佐賀県に生まれる
1989年	九州大学大学院教育学研究科教育心理学専攻博士課程中退
	国立特殊教育総合研究所の主任研究官・室長など経て
現在	福岡大学人文学部教育・臨床心理学科教授
	臨床心理士，公認心理師
専攻	発達臨床学，特別支援教育
主な著書	『知的障害教育の基本と実践』（共編著，慶應義塾大学出版会）
	『障害の重い子どもの目標設定ガイド第2版』（慶應義塾大学出版会）
	『障害の重い子どもの発達理解ガイド』（慶應義塾大学出版会）
	『重度・重複障害児の対人相互交渉における共同注意』（慶應義塾大学出版会）
	『肢体不自由教育シリーズ〈全4巻〉』（共編著，慶應義塾大学出版会）
	『自閉症教育実践マスターブック』（共編著，ジアース教育新社）　他多数

編著者紹介

古賀　精治 （こが・せいじ）

―――――――――――― ・執筆章→ 4・10

1960年	福岡県に生まれる
1984年	九州大学教育学部卒業
1990年	九州大学大学院教育学研究科博士後期課程単位取得退学
1990年	九州大学教育学部助手
現在	大分大学教育学部教授，公認心理師，臨床心理士
専攻	特別支援教育，臨床心理学
主な著訳書	『新訂　障害児・障害者心理学特論』（共著　放送大学教育振興会）
	『講座・臨床動作学Ⅳ　教育動作法』（共著　学苑社）
	『ジョイント・アテンション―心の起源とその発達を探る―』（共訳　ナカニシヤ出版）
	『現代のエスプリ別冊　実験動作学（からだを動かすこころの仕組み）』（共著　至文堂）

放送大学教材　1529579-1-2111（ラジオ）

障害者・障害児心理学

発　行　　2021 年 3 月 20 日　第 1 刷
　　　　　2023 年 8 月 20 日　第 3 刷
編著者　　古賀精治
発行所　　一般財団法人　放送大学教育振興会
　　　　　〒 105-0001　東京都港区虎ノ門 1-14-1　郵政福祉琴平ビル
　　　　　電話　03（3502）2750

市販用は放送大学教材と同じ内容です。定価はカバーに表示してあります。
落丁本・乱丁本はお取り替えいたします。

Printed in Japan　ISBN978-4-595-32251-8　C1311